TIME TUNNEL SERIES Vol.19

ガーディアン・ガーデン＆クリエイションギャラリーG8
タイムトンネルシリーズ Vol.19
タイムトンネル：細谷巖アートディレクション1954→
2004年5月10日→6月4日

細谷巖

監修：大迫修三

before

now

time-tunnel
hosoya gan

exhibition of an art director & graphic designer

タイムトンネルシリーズ Vol.19

タイムトンネル：細谷巖アートディレクション1954→
2004年5月10日(月)－6月4日(金)
第1会場：クリエイションギャラリーG8　第2会場：ガーディアン・ガーデン

OPEN 11:00a.m.－7:00p.m.（水曜日は8:30p.m.まで）土・日・祝祭日休館 入場無料

主催：クリエイションギャラリーG8／ガーディアン・ガーデン　協賛：大塚食品株式会社／大塚製薬株式会社／キユーピー株式会社／タイト印刷株式会社（五十音順）　協力：武蔵野美術大学美術資料図書館

Creation Gallery G8　Guardian Garden　PRODUCED BY RECRUIT

展覧会ポスター

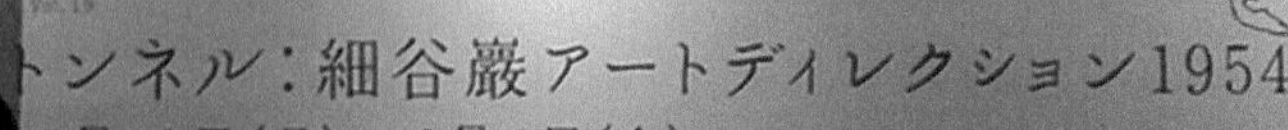

クリエイションギャラリーG8　エントランス

クリエイションギャラリーG8 ルーム1

クリエイションギャラリーG8 ルーム1

クリエイションギャラリーG8 ルーム1

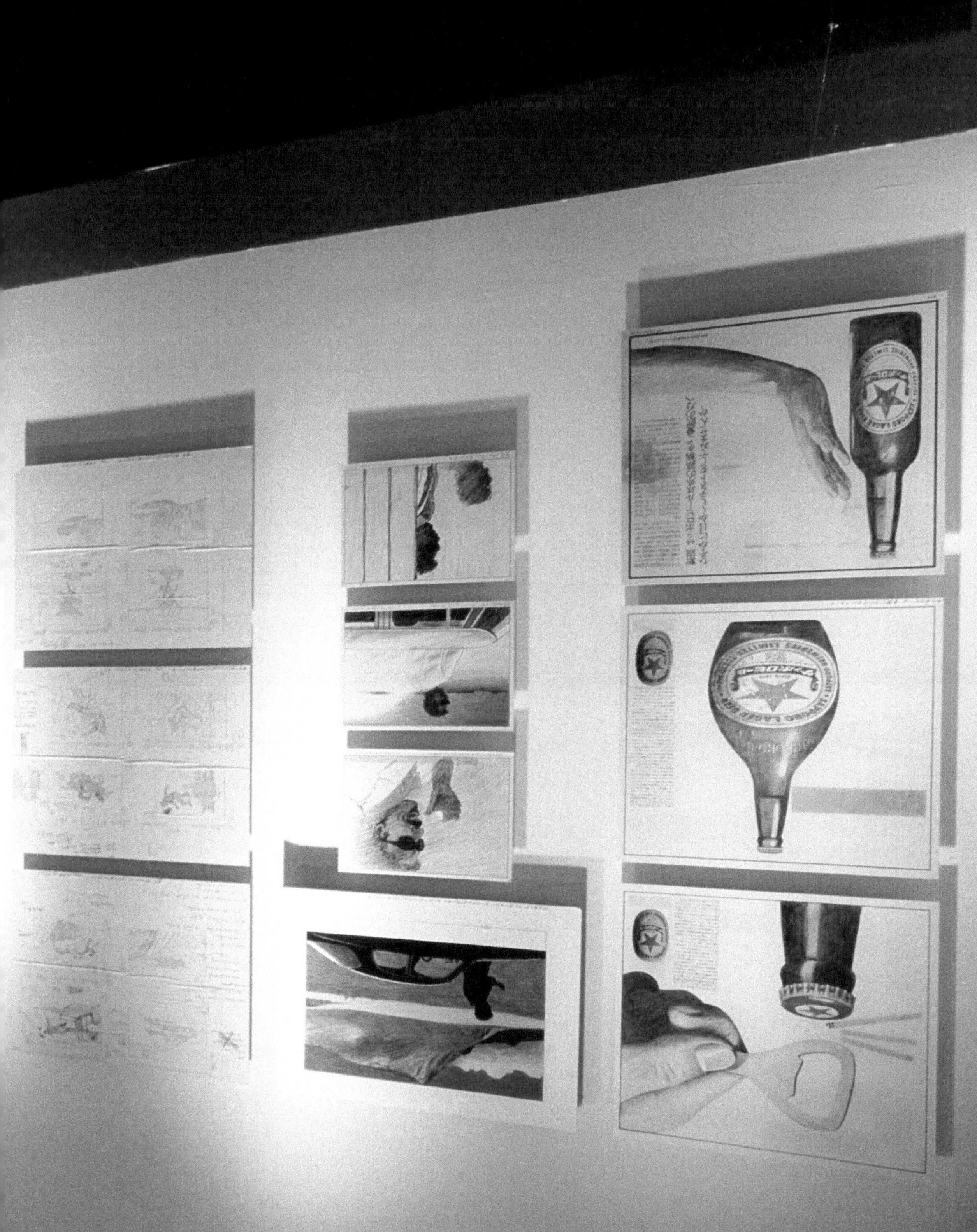

クリエイションギャラリーG8 ルーム1

THIS SCIENCE FACT.
→1983
アンダーグラウンド・フィルム・フェスチバル
UNDERGROUND FILM FESTIVAL
Mr. &Ms.
American Color
Study
Runaway
EOS

クリエイションギャラリーG8 ルーム2

クリエイションギャラリーG8 ルーム2

太陽は消えていない
asia+ski
Yamaha250
Model YDS2
Sports Type
YAMAHA 250
YAMAHA 12
≤1961
≤1960
Raices
de la
Arquitectura
Japonesa

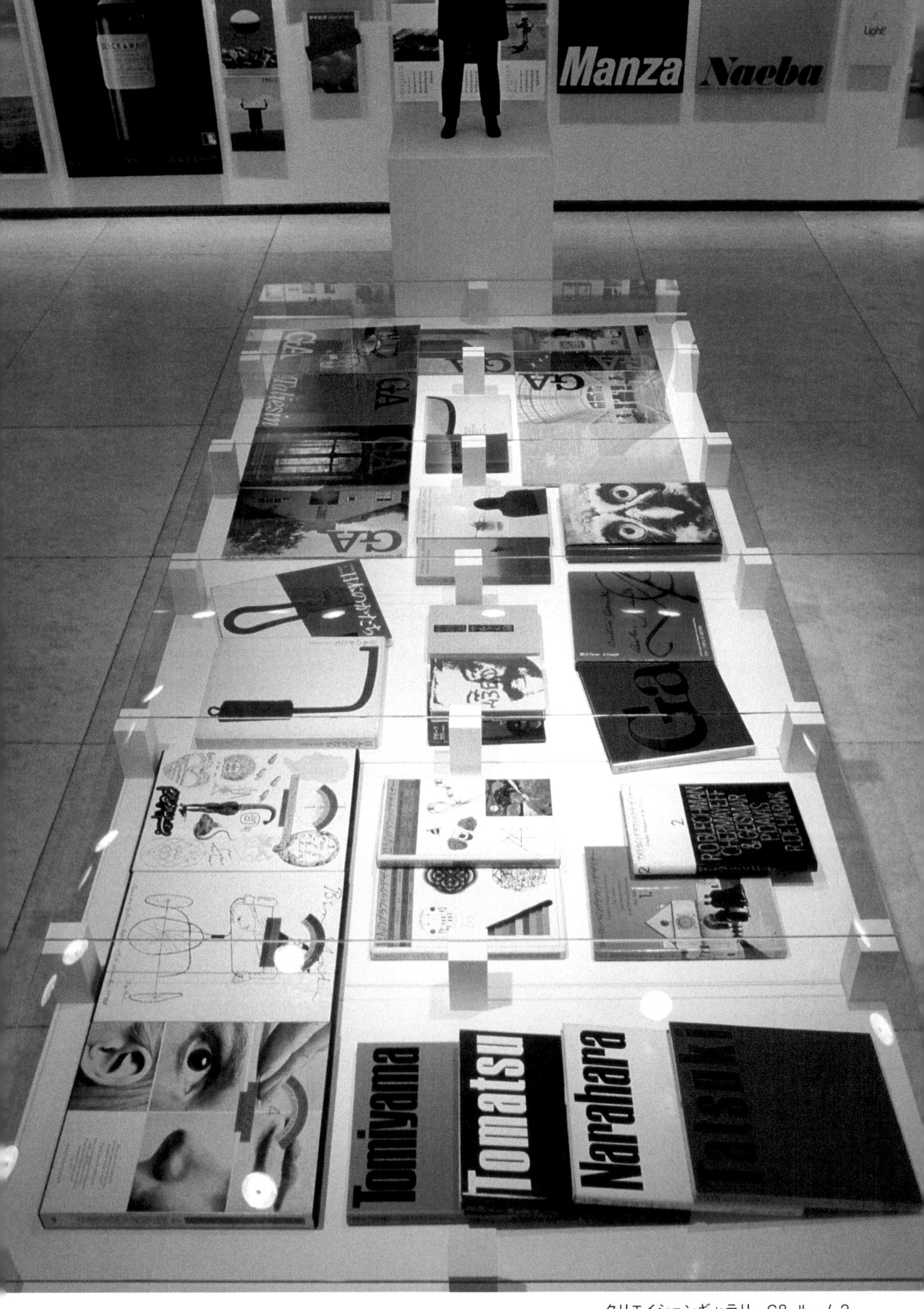

クリエイションギャラリーG8 ルーム2

男は黙ってサッポロビール
INVADER
Shinoyama
nude
Shinoyama
U F O
Tomatsu
Narahara
GA
FLYING SAUCER
グラフィックデザイン展〈ペルソナ〉
Persona
Gaudi
8人を乗せた馬車
ベルリン・ドイツ・オペラ
SILENCE
BLACK & WHITE
Manza
Naeba
Light

クリエイションギャラリーG8 ルーム2

1956
個展
SOFU TESHIGAHARA FLOWER ARRANGEMENT EXHIBITION
11月10日−17日・高島屋
←1957
21歳
←1956
20歳
←1955

上：クリエイションギャラリーG8 ルーム2／下：クリエイションギャラリーG8 ルーム3

クリエイションギャラリーG8 ルーム3

クリエイションギャラリーG8 ルーム3

D'URBAN PIATTELLI
変奏曲
ナウ・アメリカン・アート
←1979
43歳
←1978
42歳
犯
Ondine

Lonesome Car boy
RY COODER
Lonesome Car boy
You'm here
time-tunnel

ガーディアン・ガーデン

TSUMAGOI KOGEN GOLF COURSE
MINAKAMI KOGEN GOLF COURSE
Good?
Bad?
Good-by!
Bad-by?
GOOD
BAD?
cut
"I'm here."
SHARAKU who?

ガーディアン・ガーデン

PIONEER
Runaway
ISOTONIC
ISOTONIC
Cocktail Broadway
カクテル ブロードウェイ
TROPICAL HI-NOON
トロピカル ハイヌーン
DRY MARTINI by SUNTORY DRY GIN PROFESSIONAL
SALTY DOG by SUNTORY SPIRITS
TROPICAL HI-NOON
Runaway
Runaway
YAMAHA SKI
NSX
NSX
NSX
Summer Time Martini
by Suntory Dry Gin Professional
DRY GIN
time-tunnel
hosoya gan

GA
錆
TIME OF RUST
AKIRA SATO
SCANDINAVIA
SKANDINAVIA
SKANDINAVIEN
La Maison de Verre
THE BAR RADIO COCKTAIL BOOK
Koichi INAKOSHI
D.J. SHOW
TADAO ANDO
POCARI SWEAT
CalorieMate

ガーディアン・ガーデン

illustration by makoto wada

now

time-tunnel
hosoya gan

exhibition of an art director & graphic designer

タイムトンネルシリーズ Vol.19

タイムトンネル：細谷巖アートディレクション1954→

この29頁から113頁までが当時の小冊子の内容です

「タイムトンネルシリーズ」は、第一線で活躍されている作家の方々のデビュー当時の作品をご紹介するものです。今となってはほとんど日の目をみることのないこれらの作品には、作家の本質ともいうべき発想の原点が隠されていると思われます。後を追う若い作家にとってひとつの道標になれば、と企画しています。また、新作、近作も併せてご紹介し、作家の全体像を一望できるよう考えています。

一九回目を迎える今回は、アートディレクターの細谷巖氏にお願いしました。細谷氏は、神奈川工業高校工芸図案科を卒業後、ライトパブリシテイ入社二年目にして、日宣美（日本宣伝美術会）で特選を受賞し、翌年も同賞を受賞、業界の注目を集めました。イラストレーションやパターンを使ったグラフィカルな作品の多かった当時から、アメリカンデザインの影響を受け、写真とタイポグラフィによるモダンな広告作品を作り続けてきた細谷氏。「広告は企業や商品の抱えている課題を整理すれば答えは見つかるもの」という、ストレートでシンプルなコミュニケーションをデザインに美しく定着させ、時代とともに数々の名作を残してきました。

クリエイションギャラリーG8では、高校時代のスケッチブックから、日宣美受賞作品（一九五五年、一九五六年）、ヤマハオートバイ（一九五九～六三年）、「男は黙ってサッポロビール」（一九七〇年）など、一九七〇年代前半までの仕事をご紹介します。ガーディアン・ガーデンでは、パイオニア「ロンサムカーボーイ」（一九七八～八一年）や、長年に渡って手掛けられているキユーピーマヨネーズ（一九七七年～）、そして『ブレーン』誌（一九九九年～）など、一九七〇年代後半から現在までの作品を展示します。

この小冊子では、幼少時代から、ライト入社時の見習い時代を経て現在にいたるまで、またアートディレクションやデザインに対する思いについてインタビューさせていただきました。展覧会と併せて氏の魅力を感じとっていただければと思います。

最後になりましたが、長時間に渡るインタビューから展示の細かい作業にいたるまでお付き合いくださいました細谷巖氏をはじめ、ご協力いただきました多くの皆様にこの場を借りてあらためて厚く御礼申し上げます。

ガーディアン・ガーデン
クリエイションギャラリーG8

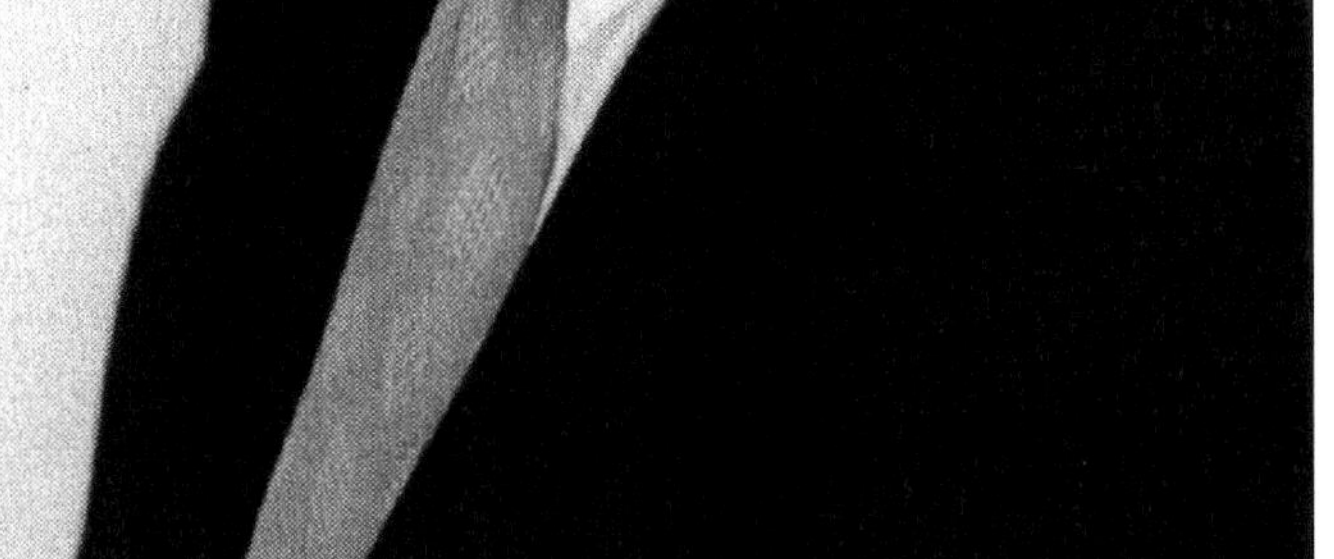

photograph by yasuo kizu

細谷の独り言みたいですが……。

とうとう捕まってしまいました。数年前から「ぜひ、やってください」と言われていたのですが、その度、お断りしてきたのです。自分の展覧会は、二度とやりたくないと決めていたのです。

なぜならば、以前（一九八八年）に一度、作品展をやったのです。そのとき、ほとんどの作業（作品の整理、判断、構成、編集、作品集など）を、きちっとしないとダメだと思っている性格のため、自力で、まとめたのです。そして、そのときに諸々のプレッシャーがあり、精神的、肉体的に疲れが溜まり、なぜか舌が麻痺してしまったのです。二年間位、何を食べても感覚が無く、三ヶ所の病院で神経系統の検査を受けたのですが、なぜシビれてしまったのか判らずじまいでした。一生治らないのかと脅えました。つくづく展覧会などやるものではないと思ったのです。

それと、一度使われた広告作品などを展示することは、意外につまらないことだとも思ったのです。

そして、今回の「タイムトンネル」のことですが、私が前回やった展覧会とは、少し違うようなことらしいのです。一人のデザイナーである私の少年期からの姿を、若い方々に見せたいということらしいのです。

しかし、そんなことぐらいでは、あの大変感と不安感は消えず快諾しなかったのです。が、ある夜の酒場の席で、先輩のNさん、ギャラリーのOさん、Sさんたちの、想像を絶するあまりのしつこさに負けたのです。言い訳みたいですが。

私は、できれば無名で一生を過ごせれば良いと思っているのです（当り前と思っていますが）が、長いこと仕事をしているために、好むと好まざるとにかかわらず、無名性などと言っても、ダメらしいのです。困ったことです。

そして、あまり知られていない私のことを、もっと知りたいと思う人たちが、いるらしいのです。

インタビュー形式でまとめられた、この小冊子では、ねほりはほり刑事の尋問のような感じで、まんまと可笑しなことを、しゃべらされてしまいました。

私は、きちっとしたデザイン論を語れないコンプレックスを持っているのですが、それなりに、正直に話してしまいました。すべてのことではありませんが。よろしくお願いします。

二〇〇四年五月　細谷 巖

現在

●一日の過ごし方

若い頃は朝早かったんですよ。八時半には出社してたから。今は七時頃に起きますね。まず、水を一杯飲んで、ＣＤをかける。ブルーノート系のモダンジャズですね。それから猫に餌をあげるんです。リンダ君っていうんですけどね。それから朝食を作る。愛妻が七年前にC型肝炎がもとで亡くなったんですよ。すごい寂寥感でした。最初は外食でしたけど、まずいし飽きるから、すぐに自分で作るようになったんです。できるだけ朝食は食べるようにしてますね。日曜日にスーパーに買い出しに行って、きんぴらごぼうとか作り置きするの。繊維質や根菜は身体にいいって言うでしょ。みのもんたのテレビで見たのかな。バカのひとつ覚えなんだけどさ（笑）。今朝は、鯵のひらき、きんぴら、はすの煮付け、卵はタマネギを入れてオムレツ風にしてね。ご飯は麦を少し入れて、おみそ汁は具だくさん。豆腐、油揚げ、ワカメ、キクラゲ、セロリの葉っぱも入れる。葉っぱも捨てないんです、僕は（笑）。あと、納豆も必ず食べるの。ネギは納豆用に、まとめて刻んでおくんです。これも『ためしてガッテン』で見たんだけど、ネギは食べる一時間前ぐらいに刻んでおくと血液がサラサラになる効果があるんだって！　お新香、ニンニク、らっきょう、のりも食べなきゃいけないし、大根おろしも作らなきゃいけない。朝は忙しいんだよォ。これを、ちゃんとお膳に並べて食べるんです。

朝食を作るのに四〇分くらいかかってしまうの。仕事と違って動作が遅いんですよ。食べ終わったらゴム手袋をはめて食器を洗って、それからヒゲを剃って一〇時頃に家を出る。会社までは電車ですね。以前はポルシェで通勤してたけど、ある日突然、

本誌インタビューにて　二〇〇四年

ばかばかしくなって止めたの。高速代が七〇〇円。しかも渋滞でしょ。車はね、若い頃、最初が中古のMGA、それからイタリアのデザイナー、ジョバンニ・ミケロッティがデザインしたトライアンフTR3。スピットファイヤー、TR4。そして、フェルナンド・ポルシェの911。デザイナーとしては好きなデザイナーがつくった車に乗りたいんです。今でも、ポルシェは意地で持っているけどね（笑）。それと、健康のためにはとにかく歩くことなんだって。人間には二つ心臓があって、二つ目というのが足。だから駅までの一五分は歩くんです。駅でコーヒーを飲むのも日課だね。僕はドトール派なの。スターバックスは煙草が吸えないから。

銀座で降りたほうが近いんだけど、新橋から一〇分くらい歩くの。会社は一〇時からだけど、僕は一一時過ぎになっちゃうかな。普通なら定年退職の年齢だから、ちょっと大目に見てもらっているんです。今は『ブレーン』*という月刊誌をやっているんで、それに結構追われるの。そのほかに、役員会議が年に四回くらいかな。本当はもっとやらなきゃいけないらしいんだけどね。ハンコ押してくださいみたいな仕事もあるし、いろいろですよ。昼食は二時頃で、中華そばか日本そば、うどんと決まってる。で、自分の仕事が終わるまでちゃんとやって、六時頃には会社を出ちゃうの。すぐ酒場に行くわけじゃないよ。映画が好きなんですよ。最終回に間に合いたいわけ。僕はビデオを一切見ないから。それとさ、六〇歳を過ぎてシニア料金一〇〇〇円になったでしょ。これが大きいの。月に三本は見るかなぁ。夕刊の映画評を読んで見る映画を決めて、会社で『ぴあ』を見て必要なところをシャーッと破いてさ。みんなが見終わったあとだからいいんですよ（笑）。

仕事の整理整頓は、お酒を飲んでいるときにいちばんできるね。これは昔から。店の紙ナプキンにラフを描いて、誰か来るとパッと隠して何事もなかったかのように（笑）。自分が考え事をしていたり勉強をしているところを見られるのは、すごく嫌い

*『ブレーン』
CM・デザイン・コピーを中心に、注目のクリエイターや話題の作品にスポットを当てた専門誌。一九六一年創刊。宣伝会議発行。

『ブレーン』二〇〇四年

なの。飲みに行くときは、いつも一人。二〇歳のころからバーへ独りで行ける男だったんです。別に孤独じゃないんだよ。一人でいるのが好きなの。

夜はときどきですが、タクシーで帰るんです。これは僕の立場上、トラブルなどに遭ったりすると困るから。それでね、家に帰ると浴衣なんです。これは僕の立場上、トラブルなどに遭ったりすると困るから。それでね、家に帰ると浴衣なんです。ジャージはだめ。なんか合わないね。でも冬は寒いのよ。コルビジェ風の変な家なんですよ〜。扉に隙間があるの。だからいくら床暖房をしても寒くてさ、半纏を羽織ってますね。そして寝る前に日本茶を一杯。食事のバランス、朝一杯の水、寝る前の日本茶、そして歩く。これが僕の健康の秘訣じゃないかな。カロリーのことは三、四〇年前から気にかけてますね。それとね、病院に行くのが好きなんだよね。二カ月に一度は血液検査をしてる。看護婦さんにも「好きねー」とか言われるけどね（笑）。飲むから肝臓は気になるじゃない。でも、いつもA。仕事は二の次。健康がいちばん。健康さえ保っていれば、この仕事はできると思うね。

●ラストデザイナー

会社は銀座七丁目。ライトパブリシティ*に入社したのが一九五四年三月だから、この三月でまる五〇年。一応、社長なんだけど、うちの会社では社長とは呼ばないの。「細谷さん」。ライトは先代の時代から、みんな名前で呼びますね。仕事机はみんなと一緒の部屋。社長室はあるけど、会社の応接用に使ってるの。クリエーターが個室なんかもったら、絶対に仕事はできなくなるからね。偉ぶることなんて、何の役にも立たない。威張っても、いいデザインができないなら、無駄じゃん。僕の知恵はね、冗談とバカを言うことなの。好むと好まざるとにかかわらず、〝先生〟とか言われちゃうから、わざと、絶えず変なことを言ってる。その方が気楽につきあってもらえるし、情報が入ってくるでしょ。これ、細谷流のオリジナリティだと思うよ。

*ライトパブリシティ（一九五一〜）日本デザインセンターとならんで、日本の広告界の流れを作ってきた制作プロダクション。村越襄、杵島隆、細谷巖、早崎治、向秀男、田中一光、伊坂芳太良、和田誠、勝岡重夫、山下勇三、朝倉勇、土屋耕一、柳町恒彦、秋山晶、小島良平、浅葉克己、篠山紀信、坂田栄一郎、日暮真三、斉藤順一、ホンマタカシ、服部一成らデザイナー、コピーライター、写真家をはじめ多くのクリエイターを輩出している。

会社でも「細谷さんはＭａｃが使えないから」とか虐められてるんですけど（笑）、僕は絶対に覚えないね。商売道具はトレスコ（トレースコープ）と引き伸ばし機。写真のトリミングも、Ｍａｃで一枚一枚読み取るより、トレスコの方がずっと早いよ。でも、すごく場所をとるの。しかも僕しか使わないから、若いデザイナーが引っ越しのときに「捨てましょう」とか言ってるんだよ。冗談じゃないって。「僕の商売道具を取るな！」って言うの。あとは鉛筆、写植帳、三角定規、ハサミ、デバイダー、ペーパーセメント、ラバー、トレーシングペーパー……これがないとね。この前もトレペがなくて「どうしたの～」って言ったら、「へェ～、使うんですかぁ」だって。やだねー、なんだか、最後のナバホ族みたいじゃない（笑）。ま、よく言えば、映画『ライトスタッフ』でサム・シェパードが演じた古いタイプのパイロットみたいな感じですかね（笑）。テストパイロットの時代からケネディの宇宙開発の時代へと世の中が変わっても、最後まで自分の意志を貫くんですよ。これは実話。ライトパブリシティのスタッフの映画ではないよ（笑）。

『ブレーン』の仕事も六年目に入るんだけど、いつも原稿がギリギリなの。組みの指定から全部、割り付けを鉛筆でシャーッと書いて、アシスタントにＭａｃで基本フォーマットを作ってもらうんです。そういうやり方のほうが効率的。Ｍａｃは確かに版下や直しは速いしきれいだけど、みんな同じような、なんとなく冷たいデザインになってしまうでしょ。モニターだけ見ていると実際の大きさがわからない。Ｂ全のポスターなんて絶対にわからないよ。だからね、最後までＭａｃに張り付いていないで、「紙出しをしなさい」って言ってるの。「風にさらす」というかさ。最近ようやく若い人も気づいてきたらしいけど、これ、大事なことなんです。表紙のほかに「細谷の独り言」というページもあって、毎月書いてるの。仕事を任せればいいじゃないかと言われるけど、アバウトっていうのができないんですよ。すべてにおいて。キユー

ライトパブリシティ、自社ビル工事中の玄関前にて　二〇〇一年

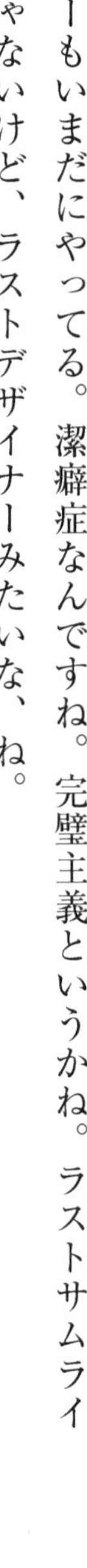

ピーもいまだにやってる。潔癖症なんですね。完璧主義というかね。ラストサムライじゃないけど、ラストデザイナーみたいな、ね。

●小さな美学

昔から鞄は一切持たない。一時期ハンティングワールドのバッグが流行ったんだよ、みんな持っててさ、かっこ悪いよな〜。重いのも、かさばるのも嫌なの。持ち物なんて必要最低限でいいね。だから、仕事を始めたときから手帳も持ったことがない。僕のスケジュールは、会社のカレンダーに書いてあるの。それも、僕が作ったカレンダーじゃないとだめなんだ。他のデザイナーが作ったカレンダーは、メモを書くところがないから（笑）。財布も持たないよ。小銭はズボンの右のポッケの小さいところ。お尻のポッケにお札。上着は左の内ポケットにペン。右の内ポケットに名刺と電話帳。と言っても、名刺入れなんか持たないよ。横封筒を真ん中でシャーッと切って、それを二つ折りにして名刺を入れるだけ。汚れたら封筒を取り替えて、ね。経済的ですよ（笑）。電話番号も一枚の紙に書いて、ときどき書き直すの。上着の胸のポケットには老眼鏡。上着の左は情報ポケット。新聞の切り抜きや映画の情報は、このポケットと決まっているんです。僕は、通勤電車の中で新聞を読むの。今は毎日新聞の朝夕刊を取っているんですけど、政治も経済もあまり興味がないし、僕にとっては朝刊より夕刊のほうが有り難い。で、夕刊の読みたいページを切って、八つに折って上着の左のポケットに入れておくの。なぜ八つ折りかというとね、満員電車なのにずーずーしい人が広げて読んでるでしょ。あれが嫌なんですよ。僕は、ポケットからゴソゴソ出して読んでる。これも小さな美学だね。

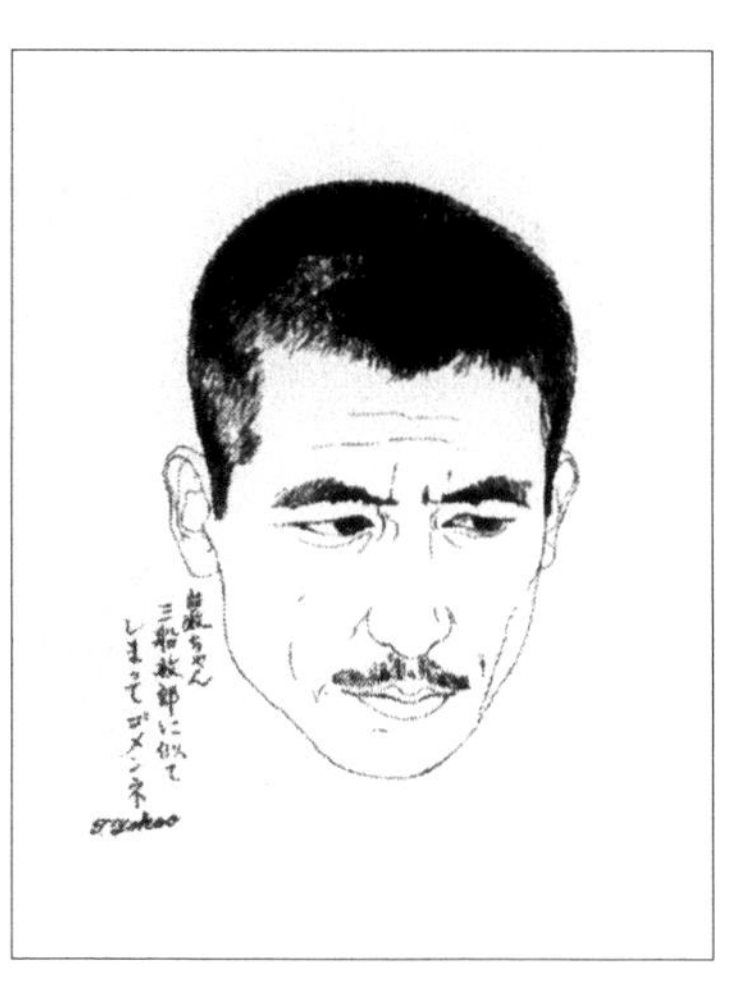

横尾忠則氏（右）、和田誠氏（左）による似顔絵（『イメージの翼』より）一九六八年

●休日の過ごし方

土曜日はゴルフなんです。五時半に起きて、雨でも雪でも絶対に行く。ゴルフにはゴルフの厳しさがあるんだよね。一応シングルだけどさ、争いごとは嫌いだからコンペは出ない。クラブのメンバーと一・五ラウンドやるんです。ゴルフ歴はもう三五年になるかな。これも僕の健康法のひとつだね。

日曜日は洗濯をしたり、布団も干さなきゃいけないし、掃除をしたり買い物に行ったり、やることが沢山あるんです。結構忙しいんですよ。部屋はフローリングなんだけど、モップが嫌いだから雑巾掛けをするの。もう、ゼイゼイ言っちゃう。買い物は用賀のスーパーで。とにかく不愉快なのは賞味期限と消費期限が書いてあることね。あれに追われるんですよ。いつまで大丈夫なのかなと心配しながら、食べるわけ。日曜日に四日分ぐらいの料理を仕込むかな。

あと、日曜日の楽しみは昼寝。女房がいたら怒られるだろうけど、夏の午後に浴衣でシエスタなんて最高ですよ。まどろみから覚めて枝豆と冷や奴でマティーニのオンザロックとか。夏は飲むねー。得意なのはゴーヤチャンプルーかな。豆腐と茄子を入れてチャッチャッと炒めるんです。野菜はすごく好きなんですよ。ときどき映画を見に行くこともあるけれど、日曜日は約束お断りで、基本的に家にいるんです。「誰かいい人探したら」とかよく言われるけど、今は気楽ですね。

倒れちゃったりする不安？　ありますよー、当然でしょう。ある日、カサカサになって発見されたりさ（笑）。女房の友達がご近所にいるので、鍵を渡してあって、夕方に猫の餌をやってもらってるの。だから、もし倒れていても発見してもらえるんじゃないかって（笑）。

●『新婚さんいらっしゃい』

こんなこと言ったら恥ずかしいんだけどね。最近、チラホラ自分で言い出して、みんなに勧めているんですよ。日曜日の一二時五五分から始まる『新婚さんいらっしゃい』が、今いちばん面白いって。見始めて三年ぐらいなんだけどね。おかしな新婚さんが出てくるんですよー。毎月のお小遣い二〇〇〇円とか、ＳＥＸの話を平気でしちゃうとか（笑）。また、司会の桂三枝さんがうまいんですよね。すごい人だよ。笑いの間とか、ペーソスというのか、人間賛歌に近いね。

僕がいつも、いちばん興味があるのは人間なの。いろいろな人がいるわけでしょ。確かにこの番組、品がないと言えばそうかもしれませんが、人間ってバカにできないですよ。一切できない。頭がいいとか、金持ちだとか、一歩外に出たら一切関係ないんだよね。人間のいとなみの面白さを、素直に認めるべきだと会得したんですよ。で、あの番組に出てくるような人たちが広告を見てるわけでしょ。いやぁ、広告なんてさ、情けないくらいに届かないもの。現実の人をもっと見ないとね。それがいちばんの理由づけ。あれは関西の番組なんだよね。僕が作っている広告とは異質な世界。でも、うらやましいんです。「ハエ、ハエ、カカカ……」とかさ、できないから。ものすごく憧れてる。それとね、人間は一日に一回笑わないといけないんだって。ぜひ一度見てくださいよ。面白いから。

少年時代

●戦争体験

生まれたのは一九三五年、九月二日。神奈川県高座郡相模原町谷戸村で、近くに境川という川がある東京都との県境。今だと、横浜線の古淵駅の近くです。細谷姓でかたまっている場所で、家は半農、半商。陸稲(おかぼ)や桑の畑を何町歩(ちょうぶ)も持っていて、茅葺き屋根の母家では養蚕もやっていた。別棟に祖父が始めた専売の塩や煙草、酒を売る店があって、結構大きな家でしたよ。一一人家族、男六人女二人の八人兄妹の四番目で三男坊。実はね、僕は一度死んでいるんですよ。生まれてすぐ息がなくなったらしいの。何の病気かわからないけど。肺炎かな？　雨戸や廊下の障子を目張りして、部屋の中を温かくして、とにかく大変だったみたい。「巖(いわお)は一度死んだんだよ」って、大人になってから母親に聞かされた。

物心がついてからの記憶は戦争。小学校に入る前の年に戦争が始まったんです。歩いて二〇分ぐらいの小学校に通うときは、防空頭巾を被って縦列登校。家の庭には樹齢数百年の銀杏の木が五本あって、念仏堂（大日如来）があって……。そこが村の集会所になっていて、防空壕もあった。広い敷地だったから、横に掘って、縦に掘って、また横に掘った大きな防空壕でね、その中にスノコを敷いて寝るんです。夜になると必ず空襲警報が鳴って、B-29が探照灯に照らされて横浜方面から飛んでくるの。翌朝畑に出て行くと、不発の焼夷弾や電波妨害のために撒く錫、機銃掃射の薬莢が落ちてるわけ。それを拾って屑鉄屋さんに売ると、いいお小遣い稼ぎになったんですよ。昼は艦載機が飛んでくるの。グラマン機は黒くて主翼が折れ曲がっていて、ロッ

小学校三年の頃　実家の庭で祖父、弟と一緒に（左上が本人）　一九四四年頃

キードP-51はシルバーで光ってる。操縦士の顔が見えるほどの低空飛行なの。それがかっこよくてねー、まるでスピルバーグの映画『太陽の帝国』みたいだった。親は竹槍なんかを本気で作ってましたね。僕は無理だろうな〜と思ってたけど（笑）。なぜか、八月一五日の玉音放送は、全然印象にないんですよ。

●内気な勤労少年

戦時中でも小学校の授業はありましたよ。自分で言うのはおかしいけど、心の優しい子供で、シャイっていうの？（笑）。控えめで、真っ先に何かをするのは嫌いだった。うちの兄妹はみんな性格がいいの。しゃしゃり出る人がいないというか、控えめな家系なんです。本当に（笑）。

実は、はじめて白状するんだけど、小学校二、三年の頃かなぁ、火遊びで雑木林を燃やしてしまったことがあるんです。なぜか大箱の燐寸（マッチ）を持っていて、それを学校帰りに土手の芝のとこで友だちと擦ったの。そしたら音もなくサーッと火が広がって、次の瞬間、雑木に燃え移って炎が立ち上がったんですよ。もう散り散りになって逃げたね。やがて村の消防団の半鐘が鳴ったんです。ジャン、ジャン、ジャンって。途中で風向きが変わらなかったら、村が燃えてた。大変なことをしてしまったと思って、境川の橋下の隅に夕方まで隠れていたんです。アリ地獄をずっと見ながら、半泣きで……。なんか、そういう子供だったね。

父が農業、祖父が商売、小売業をやっていたんで、貧しくはないけど、とても忙しい家だったんです。僕は商売ではなく、農業の手伝いを小学、中学、高校とやらされたの。肥桶を天秤棒で担いで、運ぶんですよ！　プチャプチャして、臭くてねー（笑）。鍬で土を起こして、陸稲が終わるとサツマイモを植えるんです。秋になると父親と朝早くからキノコ採りに行ったり、冬は麦。地下足袋履いて麦踏みをするの。たまにお

スケッチ　神奈川の自宅　高校一年生
一九五一年頃

店の手伝いにも行くんだけど、当時は天秤ばかりの量り売り。計算弱くて味噌なんか量り間違えちゃってね。で、すぐに農業に戻されちゃうんだよ。

中学は徒歩で四〇～五〇分。それでも、早く帰って手伝わないと怒られるわけ。その頃は、家の手伝いは当たり前だと思っていたけれど、高校になると、この忙しい家から脱出したいと本気で考えるようになったね。今は、あの当時の生活が健康な身体を作ったんだと感謝してますけどね。

●神奈川工業高校工芸図案科

子供の頃から〝何になりたい〟というのは、考えたことがなかったね。細谷家って文化的素養がない家なんですよ（笑）。唯一文化的なことといえば、母が短歌をやっていて、書も上手だったことぐらい。その影響を受けたのかな？　絵を描くのは好きだったね。中学に入ってから、美術と国語を教えていた須田先生といういい先生がいたんです。今思うとちょっと贔屓されていたのかな。図画の時間に描いた茅葺き屋根の水彩画が、村の鹿島神社に奉納されたりしてましたよ。ただ、理数系が駄目なんだ。当時、神奈川県はアチーブメントテストというのがあって、その結果が進路を左右したの。これが選択問題で、答えがみんな正しく見えちゃうんだよね～。答案用紙にほとんど何も書けず、提出した記憶があるね。三年生になってもどこの学校に行ったらいいのかわからなくて、県立神奈川工業高校に行くんだけど、何で行ったのか、記憶が欠落してるね（笑）。同じ村に、三歳ぐらい年上で神奈工に行っている先輩がいたんです。それで相談したんじゃないかな。

当時の神奈工は木造の二階建てで、建築科と木材工芸科、工芸図案科があった。僕は工芸図案科。二五人のクラスで女性が二人。まず、先生の名前を言わないとね。芸大の日本画科出身の丸井金蔵先生、都立工芸出身で図案を教えてくれた中里貞浄先

スケッチ　自宅周辺の風景　高校一年生
一九五一年頃

生、芸大の油絵科出身の佐藤努先生。一年生のとき、画集からいちばん難しい玉虫の厨子を選んで模写して、誉められたんですよ。だけど、委員になるタイプじゃないの。小・中・高と一生懸命に勉強したことはなかったな。でも、好きな絵は夢中で模写したね。ピカソ、マチス、梅原龍三郎、安井曾太郎、鈴木信太郎……。鈴木信太郎だったかな、横浜の山手教会を描いた絵に感動しちゃってね。同じ場所に何十回も行って写生したのを覚えてる。

高校でいちばん影響を受けたのは佐藤努先生かな。なぜかというと、先生がクリスチャンだったから。シュバイツァーとかリルケ、塚本虎二を読んだり、キリスト教を教え込まれた気がする。デザインとは違うんだよね。正しく生きなければいけない、みたいなこと。僕が今日まで真面目に仕事を続けてきたのも、キリスト教の影響があるのかもしれない（笑）。

●ピカソと牛の頭

高校になって、相模原の田舎から初めて外に出たんです。家から原町田駅（現・町田駅）までバスで出て、そこから横浜線で菊名、東横線に乗り換えて東白楽まで行くんです。不思議なんだよねぇ、自宅から原町田駅までの約一里（四キロ）を毎朝走っていたの。二十五分ぐらいで走ったから、かなり速いよね。雑木林の朝露の道をシャーッと。まるで映画の『フォレスト・ガンプ』みたいに。

で、高校に行って堰を切ったように映画を見始めるわけ。原町田に映画館が四館あってね。ここで洋画や片岡千恵蔵の多羅尾伴内シリーズ。白楽の白鳥座では名画を。アルバイトもやってたな。原町田の文房具屋さんに可愛い女の子がいたんですよ。用もないのに学校の帰りにしょっちゅう行ってさ、その店で看板を描かせてもらったの。その頃は、神奈工を出たら看板描きにでもなろうかと思ってたね。

スケッチ　港の風景　高校二年生
一九五二年頃

三年生の秋に卒業制作でピカソの「泣く女」を模写して、佐藤先生に誉められたんですよ。あ、それで思い出した！　ピカソの絵を見ていたら、牛の頭蓋骨を描きたくなったの。それで原町田の肉屋に行って、毛がついてて、目玉もついたままの和牛の首をもらってきたの。まず、肉と骨を分離させなきゃいけないでしょ。今なら苛性ソーダを入れれば簡単に分離するってわかるけど、当時は知らないからさ。家にあった大きなドラム缶に牛の頭を入れて、学校から帰ってきては薪で炊いて……敷地にある竹林で三週間ぐらい。夜通し、一心不乱に煮てたこともあるよ。そのうちにようやく骨が出てきたんだけど、それがまた臭いの！　ウジなんか湧いちゃって、ハエがすごくてさ。でも、こっちは描きたい一心じゃない。屋根裏にこもって、梯子を上げて、下から人が来ないようにして、八〇号の大作を描き上げたんですよ。家族からは、もう変人扱い（笑）。とにかく、臭かった。今思い出しても、家族に最大級の迷惑をかけたね。当時から凝り性なところはあったのかもしれない。

就職

●ライトパブリシテイ入社

忙しい家だったから、大学進学は考えていなかったね。でも、卒業間際になってもどこに就職していいのかわからなくて、またまた僕だけ最後まで残っちゃったわけ。高校進学の時と同じ（笑）。当時の就職先はデパートの宣伝部なんかが多かったね。ライトパブリシテイは、神奈工出身で芸大出身の伏見文男さん*というデザイナーがいるからと、佐藤先生に紹介されたんです。三年生の秋に、二、三回アルバイトに行っ

＊伏見文男（一九二七〜）
横浜市生まれ。東京芸術大学卒業。ライトパブリシテイを経て、毎日広告社に勤務。多摩美術大学や東京デザイン専門学校、東京芸術大学などで教鞭をふるう。

たのかな。詰襟の学生服を着てね。はじめての銀座ですよ。汚い街だと思ったね。数寄屋橋なんてドブ川だし、土橋の、今のリクルートのところは「ショーボート」っていうキャバレー。ネオンがすごくてさ。驚いたの。入社は三月。高校を卒業してすぐに行ったんだよ。当時の初任給は八〇〇〇円。大卒は一万一〇〇〇円だったかな。

当時のライトは西銀座七丁目にあった東亜管機という水道工事屋さんの一階に間借りしてたの。小さな中庭に大小の水道管がゴロゴロ並んでて、とてもデザイン会社って感じじゃなかったね。新人はいちばん早く出社しないといけないから、八時半に行くんですよ。内側にカンヌキのついた大きな門があって、外からは開けられないから隣の塀によじ登って門を開けるの。中に入っていくと水道工事屋さんのオーナーが寝ていて、黄色い、煮しめたようなカーテンの向こうにベッドがあってさ、咳き込みながら動く影がカーテンに映るんですよ。まるで『地獄の黙示録』のカーツ大佐みたいに！ 「おはようございます」と言っても咳払いだけ。それが第一印象。カーツ大佐の前を通って左側がライト。右側には雑誌社が同居してたのかな。社員はまだ七～八人だったと思うよ。全員の机を雑巾掛けして、先輩たちの鉛筆を削り、カラス口はガーゼで丁寧に拭いて、ポスターカラー用の菊皿や筆洗も洗うんです。次の日に使うポスターカラーを残してた先輩がいてさ、それまで洗っちゃって怒られたことも何度もあったね。仕事が早いからすぐ終わっちゃうんだけど、一〇時の出社時間を過ぎても先輩たちは来ない。こっちは準備が気に入ってもらえるか、ドキドキしながら待ってるのに。で、先輩たちは一一時頃に来て、すぐに隣の「ＳＮＯＷ」という喫茶店に行っちゃうの。「細谷君も来ない」とか言っちゃって。そしたら、もうお昼じゃない。変な会社だと思ったよ。

●一八歳の夏・落選

でも、ライトは素敵な会社という印象がありましたね。朝早いんだけど、やな感じじゃないの。不満でも何でもなくて、せっせとお手伝いしてた。カラス口とか、面相筆の使い方、レタリングを覚えさせられて、絵の具を塗るのはだいぶ後だったな。学校ではそういうのあまりやらなかったから、僕はデザインから生活のすべてを、ライトに入って覚えたんです。

で、僕の半月後に深野匡*さんが入ってきたの。後の、レタリングデザインの第一人者ですよ。僕より六つぐらい年上かなぁ。それで……入社した一八歳の夏に、初めて日宣美展*というのを知るんです。当時の日宣美は、新人デザイナーの登竜門で、夏の大イベント。ライトでは日宣美に応募するのは当たり前という感じだったね。またね、それに入ると給料が上がるんですよ。

僕は「子供の日」をテーマにして新聞紙で兜を作って、そこにポスターカラーで文字を入れて、ポスターにして出品したのかな。深野さんは八幡製鉄の溶鉱炉を描いてポスターにしたの。これがまた泥臭いんだよ。やぼったいの。そしたらさ、深野さんのが入選しちゃったの！　僕は落選。当然入ると思っていたからショックでね。でも、その年に初めて日宣美展を見て、その程度じゃダメだとすぐにわかったけどね。ライトの先輩たちはみんな入選している。当然僕も獲らないと。でも、獲るったって、大変じゃない。来年何を出そう……その場で真剣に悩んだよね。

ライトに入社したということは、図案家を職業と決めちゃったわけでしょ。ならば、うまくならないと始まらない。それはね、本能的に思ったんですね。うまくなれば給料も上がる。この仕事で食べていくには、うまくならないとダメだ！　と痛感したの。一八歳の夏ですよ。

＊深野匡（一九二九〜一九九一）
東京生まれ。日本広告美術学校美術科卒業。ロゴタイプの第一人者として、日本のデザインをリードし続けた。ケンとメリーのスカイライン、カロリーメイト、サッポロビール、沖縄海洋博覧会、万国博覧会などのロゴを手掛ける。

＊日宣美（一九五一〜一九七〇）
日本宣伝美術会。一九五一年、つまり戦後わずか六年で結成されたグラフィックデザイナー集団。世話人に山名文夫、新井静一郎、河野鷹思、亀倉雄策、原弘ら八名。第一回展は七〇名の選抜デザイナーでスタート。第三回からの公募形式の展覧会は新人の登竜門として人気があり、多くの作家を輩出した。五〇年代、六〇年代は日宣美を通らなければデザイナーにあらずというほどの力を持ち、受賞後給料が三倍になったなどの逸話が残る。一九七〇年、会員数三七四名のこの会は学生たちの反体制運動をきっかけに解散。

●アメリカンマガジンはデザインの宝庫

うまくなるったって、どうしていいかわからないじゃない。そんなとき毎日夢中で見たのが、会社で購入していたアメリカの雑誌。それが目覚めですよ、今日までの。『ライフ』『ルック』『エスクァイア』『マッコール』『ハーパース・バザー』……。写真、イラスト、レイアウト、広告が素晴らしくて、まさにデザインの宝庫だったね。でね、先輩たちがいない日曜日に出社して、例のカーツ大佐に「細谷君、何で来たんだ」なんて言われながら、一日中雑誌を漁るんですよ。気に入ったページを、まるごとアメリカ製のカッターナイフで切っちゃうの。それを、月光荘*のスケッチブックにチャッチャッと挟んで、自分だけの作品ファイルを作るわけ。切り取ったのがわからないようにしてるつもりなんだけど、次の日怒られるの。「誰が切ったんだ！」って。うまく切るの難しいんだよね（笑）。

立派なデザイン書よりも現実のアメリカの雑誌の方がずっと勉強になったね。ところが、そういう勉強の仕方をみんな知らないの。先輩たちはあんまり興味がなかった気がする。アメリカンマガジンを見て、それから『ニューヨークADC年鑑』*を見るようになって、必死でADやデザイナー、コピーライター、写真家の名前を覚えたんです。特に好きなのは、DDB*という素晴らしい広告代理店でADをしていたレオナルド・シローイッツ。ベター・ビジョン協会の傑作のシリーズがあるの。そして、フォルクスワーゲンの広告を作っていたヘルムート・クローン、『エスクァイア』のADをしていたヘンリー・ウォルフ、ジョージ・ロイス……。写真家ならアーヴィング・ペン、リチャード・アヴェドン、エルンスト・ハース。きりがないね。雑誌漁りの期間は結構長かったですよ。そこで〝いつか、こんなデザインを作りたい〟という目標をストックしてたんだと思うよ。

それとね、入社二年目あたりから、ライトには名取洋之助*さん、木村伊兵衛*さん、

＊月光荘
銀座にある画材専門店で、画廊も併設している。

＊ニューヨークADC
一九二〇年に設立された、世界のグラフィックデザイン界をリードする人々の団体。The Art Directors Club（通称ニューヨークADC）。

＊DDB（ドイル・デーン・バーンバック）
アメリカの広告代理店。アートディレクターのヘルムート・クローンと社長のウィリアム・バーンバックが一九五九年から手掛けたフォルクスワーゲン・ビートルの広告がセンセーショナルな話題を呼んだ。ユーモア溢れるコピーと、余白を生かした簡潔なレイアウトは日本の広告業界に多大な影響を与えた。

＊名取洋之助（一九一〇～一九六二）
写真家・アートディレクター。東京生まれ。ドイツの美術工芸学校で学び、帰国後木村伊兵衛らと「日本工房」設立。近代国家としての日本を紹介する目的で、海外向けの広報誌『NIPPON』を創刊。日本人として初めて『ライフ』や『フォーチュン』に作品を発表する。戦後は『岩波写真文庫』を創刊し、企画・編集に携わる。著書に『写真の読みかた』など。

＊木村伊兵衛（一九〇一～一九七四）
写真家。東京生まれ。小型カメラの特徴をいかした下町のスナップショットで、写真表現に新風を吹き込む。名取洋之助の誘いで、日本工房設立に参加、東方社『FRONT』発行など、報道写真の仕事に携わる。戦後も、一貫して写真界の指導的立場にあった。代表作に、戦後の農村の実状に迫った「秋田」など。

亀倉雄策*先生なんかが講師に来てくれるようになったんです。社長の信田富夫*さんが呼んだんだよね。六時頃から一時間ぐらい話を聞いて、その後飲みに行くんだけど、すごくいい勉強会でしたよ。先生たちから「ライトの作品は弱い」って叱られるわけ。そのときに「細谷君のだけは、まあ、まあ」とか言われたの！　アワワだよ。先輩を差し置いてやべーな、と思ってさ。初めて編集ものを手がけて、サッポロビールの海外向けのパンフレットをやってたんですよ。書体はクラレンドンと言ってね、大好きな書体。それまで日本では、欧文のタイプフェイスといえばゴシックかローマン系ばかりだったんです。クラレンドンは海外の雑誌に多く使われていたの。アメリカンマガジンの影響だよね。力強くて完成度が高かった。ライトでこの書体を初めて使ったのが、僕だったの。

●一九歳・日宣美「特選」受賞

入社二年目になるとジャズに夢中になったんです。ライトに小野沢潤*さんというインダストリアルデザイナーがいたの。横浜からオートバイで来るアメリカ人みたいな先輩。会社からちょっと離れた所に「スイング」というジャズ喫茶があってね。二人でこっそり行くんだよ。ノーマン・グランツ率いるＪＡＴＰとオスカー・ピーターソンとかが当時は好きでさ、店の人と仲よくなって、店内に貼るジャズのポスターを作ったりね。そんなこともあって、次の日宣美展はジャズをテーマにしようと決めたわけ。

「Oscar Peterson Quartet」のポスターは、デヴィッド・ストンマーチンというイラストレーターが描いたジャズのレコードジャケットがあって、それからヒントを得たんです。自分ではイラストが描けないから、ライトのカメラマンの鈴木恒夫*さんに頼んで、モノクロ４×５で撮ってもらったんです。多重露出っていうの、手の位置を少

＊亀倉雄策（一九一五～一九九七）
グラフィックデザイナー。東京オリンピックのポスターに代表される昭和のグラフィックデザイナーの草分け的な存在。日宣美、東京アートディレクターズクラブ、日本デザインコミッティ、日本デザインセンター、ＪＡＧＤＡの創設など日本のデザイン界の大きな流れを築いた巨人であった。

＊信田富夫（一九一〇～一九八五）
東京生まれ。一九三五年に名取洋之助主宰の日本工房に入社。戦後写真スタジオ経営、雑誌『ＦＥＭ－ＮＡ』のアートディレクターを経て、一九五一年ライトパブリシテイを設立。広告デザイン界の草分けと言われ、多くの広告賞を受賞している。

＊小野沢潤（一九二八～二〇〇四）
インダストリアルデザイナー。ライトパブリシテイ退社後、おのざわデザイン設立。カメラを水中に持ち込むためのケース、防水ハウジング制作の第一人者として活躍する。

＊鈴木恒夫（一九三〇～）
台湾生まれ。鳥取大学医学部卒業後、ライトパブリシテイへカメラマンとして入社。その後、日本デザインセンターの設立に参加。六三年よりフリーとなり、ツネヲスタジオ設立。一九六三年から宇野亜喜良と組んで六年間続いた雑誌『新婦人』のカバーが代表作。

しずつ変えて、五、六回シャッターを押してるのかな。写真をB全に伸ばしてパネルに水張りするんだけど、印画紙だから難しいんだよね。レタリングはあらかじめトレーシングペーパーに書いておいて、印画紙になぞる。印画紙にはポスターカラーがうまくのらないから、表面を消しゴムで擦ってから色を筆で塗っていくんです。もちろん手描きだよ。

生まれて初めての写真構成……。そのときに構成的なレイアウトが可能なことを知ったんです。暑い八月でした。応募から一週間後に知らせがあって、「特選」。うれしかったですよ。賞を取ってから、すぐに月給が一万円になったの（笑）。僕にとっては、大きなエポックだった。日宣美を知っている人はもう少なくなったけれど、当時は〝日宣美に入らないとデザイナーじゃない〟というほどの大登竜門で、今のADC*どころじゃないからさ。

●二〇歳・再び日宣美「特選」

「オスカー・ピーターソン」で特選を取ったけれど、まだアシスタントだったから、もう一度入選したいという気持ちはあったね。それで表現も考えたの。日宣美展は同じパターンはダメなんです。それは先輩から聞いていたし、展覧会を見てわかってた。僕はイラストが描けない。デザインパターンも描けない。となるとレタリングしかないんです。それで、「勅使河原蒼風*」。イケルと思ったよ。まさか特選とは思わなかったけどね。あれは一日で、徹夜で、仕上げてるの。会社の引き伸ばし機で文字をトレーシングペーパーに写して、それと六色のカラーペーパーを家に持って帰って、一文字ずつハサミで切って、少しずつずらしながら大和糊を使って六輪の花のように構成したんです。写植と真剣に格闘した最初の体験。六文字あるから何とか形になってるけど、二文字じゃできなかったね（笑）。この受賞で、また給料が二〇〇〇円上がったの。

＊ADC（東京アートディレクターズクラブ）一九五二年、ニューヨークADCを模範に広告業界関係者によって結成され、一九六一年「東京アートディレクターズクラブ」から現名称に。広告関係者の団体から、より表現者中心の集団となって再出発。毎年、応募された作品を対象に審査を行い、その年の最高と認められた作品に対し、ADC賞が贈られる。一九五七年より年鑑を発行、その収録作品の質の高さと会員になる難易度において現在もっとも権威ある集団。

＊勅使河原蒼風（一九〇〇～一九七九）華道家。勅使河原宏の父。華道家勅使河原和風の長男として生まれる。それまでの型通りのいけばなに疑問を持ち父と袂を分かち、一九二七年華道草月流を創設。いけばなの概念を変える近代的、造形的な作品によって国際的な評価を受ける。華道だけでなく、彫刻、絵画、書道など幅広い創作活動を展開した。

ケチな会社だよね、二〇〇〇円ずつだもん。

自分で言うのもおかしいけど、「オスカー・ピーターソン」も、「勅使河原蒼風」も、今見てもシャープなもんだと思うよ。でもね、レイアウトなんですよ。今でこそ、これをデザインと言ってしまうのかもしれないけど、当時は自分ではデザインだと思っていないから……。まぁ、何となく食っていけるのかなと思ったけど、まだ不安だった。三年、五年経って、広告の新聞半五段とかを任されるようになって、レイアウトだけでも大丈夫なのかなと思うようになったけどね。イラストも、デザインパターンも描けない。だからレイアウト。何もできない不器用さが、自分のスタイルを作ったんですよ。

●自信なんて一時的なもの

日宣美で二年連続特選を取って、誉められたし、うれしかったですよ。でも、先輩たちは〝困ったな〟という感じだった。ちょっと押し黙っちゃうというか、嫌な後輩が来た、みたいな（笑）。しばらくして辞めていく先輩もいたしね。そうはいっても、こっちも死活問題だからさ。

しかし、連続受賞で自信がついたかというと……まぁ、完璧な自信ってつかないじゃん。今でも自信なんて全然ないですよ。自信なんて一時的なものなんだよね。亀倉先生みたいにずーずーしい性格の人は、平気で自信あり気だけどさ（笑）。でも人間の本質ってね、一生涯、どんなにいい仕事をしても、どんなに金持ちになっても、どんなに健康でも、いい奥さんとか、幸せな家庭、家屋、財産を持っても、確固たる、絶対的な自信なんて持てないような気がする。情けないと思われるでしょうけど、ホントのことだと思うよ。ちゃんと追求すると、ね。

ま、当時は、無我夢中ですよ。周りからちやほやされても、本人は「待てよ、待て

ライトパブリシテイにて　一九五六年頃

よ」って。ほら、細谷家は控えめな家系だから（笑）。なにしろ、その頃はまだ実家から通ってたじゃない。親兄弟に話をしたって何もわからないの。「お前、この文字作ったのか？」とかさ。写真だって「お前が撮ったのか？」って言われたんだよ。もう、かなわないよね。威張れないの、全然。会社でも、業界でも、〝すごい新人が現われた〟と少しは認められる存在になったわけでしょ。ああ、それなのに……。家に帰ったら、昨日の畑の仕事が残ってるとか、草むしりの残りがあるとかさ。大変なんです（笑）。

●業界づきあい

「オスカー・ピーターソン」を出品した年（一九五五年）の日宣美賞が、粟津潔さん*の「海を返せ」。翌年が、杉浦康平さん*のレコードジャケットだったんです。これ、すごいショックでね、インテリジェンスを感じましたね。詩みたいでしょ。で、同じ年の会員賞が亀倉さんの「原子エネルギーを平和産業に！」。これはもう、おったまげたね。いちばん感動した。シルクスクリーンだと思うけど、キラキラ光ってさ。亀倉先生の最高傑作ですよ。

杉浦さん、粟津さん、山城隆一さん*、宇野亜喜良さん*、和田誠さん*……。みんな日宣美受賞のパーティーで知り合って、おつきあいが始まったんです。僕はいいデザインをする人が大好きなの。今でも、いい仕事をしているデザイナーにはすぐ近づきたくなるの。なぜかというと、僕にはできないすごい仕事をしている人は、後輩でも無条件に尊敬するし、話したくなるんですよ。「素晴らしい！」って誉めたたえちゃうの。細谷家は控えめな家系なんだけど、そういう時は平気なんだよ（笑）。僕にとってはアメリカンマガジンと同じなんじゃないの。僕も早く、そういうデザインをしたいという、ね。多くの先輩とつきあえたことは、すごい財産だと思いますよ。

＊粟津潔（一九二九〜）
東京生まれ。法政大学専門部中退後、絵画・デザインを独自に学ぶ。一九五五年「海を返せ」で第五回日宣美賞受賞。その後、グラフィック、映像、彫刻、建築などあらゆる分野の仕事を手がけ多くの賞を獲得している。

＊杉浦康平（一九三二〜）
グラフィックデザイナー。東京生まれ。一九五五年東京芸術大学建築科卒業。半年間高島屋宣伝部に勤務したのち、フリーランス。季刊『銀花』に代表される緻密な文字デザインによる独自の世界を持つ。

＊山城隆一（一九二〇〜一九九七）
グラフィックデザイナー。大阪阪急デパートに在籍し、モダンデザインによってその名を轟かせていた。その後高島屋デパートに移籍、日本デザインセンターの創設時に参加、後年はイラストレーターとして「ネ・コラージュ」に代表される多くの作品を発表している。戦後の日本のデザイン界を築いた一人。

●圧倒的洗脳

当時、杉浦邸が小田急線の東北沢にあったんです。会社の帰りに寄ってさ、朝までデザインの話をしたり、バルトーク、ストラビンスキー、シェーンベルグ、武満徹なんかを聴かされたの。圧倒的洗脳ですよ。でもね、僕は広告でしょ。杉浦さんはアンチ商業主義のデザイナー。否定はしないんだけど、いかにコマーシャルがダメかということを醸し出すんですよ。僕はね、デザイン論はいまだに持てないんだけど、そのときにデザインの理論を垣間見た、という感じだったね。相当感化されて、五七年には国連総会の原水爆禁止のポスター、その後に警職法（警察官職務執行法）の反対運動のポスター作りを手伝ったり……。それで会社行くと商業デザインの最前衛でしょ。日本経済も高度成長期で、ライトも、日本の商業美術も一緒に伸びてるわけ。その片棒を担いでいるのに、夜だけガラッと画面が変わるわけじゃない。不思議だよね。また、杉浦さんの話がうまくて、いいこと言うんですよ～。僕の方も二割ぐらいは反論したいことがあるんだけど、ライトで働いている僕はダメな人間なのかなんて、本気で悩みながら、つきあっていたんです。これが一〇年ぐらい続くんだよね。

●忙しい家からの脱出

「勅使河原蒼風」の受賞で給料が一万二〇〇〇円に上がって、五七年には一万五〇〇〇円ぐらいになっていたんじゃないかなぁ。新宿経由で帰るんだけれど、残業もさることながら、トリスバーでふらふらしているから終電に間に合わないわけ。トリスが一杯三〇円か四〇円の頃だったと思うよ。オールドなんてまだまだ高嶺の花。角まで行くのに相当かかったから（笑）。当時はね、新宿駅が大工事をしてたんです。それで冬は、工事現場のたき火にあたって始発が出るのを待ってたことが何度もあるの。現場の人と仲良くなっちゃって、焼酎みたいなのをご馳走になってさ（笑）。始

＊宇野亜喜良（一九三四～）
イラストレーター。名古屋市立工芸高校図案科卒業。カルピス食品工業広告課を経て、日本デザインセンター設立時に参加。一九六四年横尾忠則らとスタジオ・イルフィル設立、その後フリー。小説やエッセイの挿絵・装画、演劇・オペラのポスターなどを手掛け、長年に渡り第一線で活躍している。

＊和田誠（一九三六～）
イラストレーター。大阪生まれ。多摩美術大学在学中に日宣美賞受賞。大学卒業後、ライトパブリシティ入社。一九六八年よりフリーとなる。一九七七年より始まった『週刊文春』の表紙絵とデザインは現在も続く。イラストレーターとして活躍する一方で、映画監督や作家として幅広く活動。

発が出れば、八時半までにライトに行けばいいでしょ。山手線に乗って、ヒーターの効いてるシートで寝るんです。あとは、当時の新宿二丁目。ヤバイねー。ツケで泊まってたんだよ。冬はたき火と二丁目と交互。夏はさ、ホテル代も高いし、新宿御苑で寝たり。どーしょーもないんだな（笑）。

それでね、ある日弟に頼んで、他の家族には内緒で三輪トラックに荷物を積んで、部屋を借りたんです。ようするに、忙しい家から脱出。もう、この家にいたら体がもたない、通えない、と。だって、神奈工の三年間、毎朝四キロの道を駅まで走って、ライトに入社してもまだ走ってたんだよ。片道二時間以上かかって通勤してたの。

初めての一人暮らしは、井の頭線池ノ上。大家さんの庭にある二階建ての二階の左端の部屋だったね。六畳一間でお風呂はないの。そこで初めてスピーカーを買ったんです。休みの日にジャズを大きな音で聴いていると文句言われてさ。しょっちゅう怒られました。家賃は五〇〇〇円くらいだったんじゃないかなぁ。池ノ上には二、三年いて、次が青山六丁目。今の紀ノ国屋の裏ね。その後が代官山猿楽町。それから、代官山壱番荘。ここは、やがて結婚する女房がいたとこ。それから所帯をもって参宮橋だね。

ライトの新時代

●スーパーマン、向秀男さん

五七年には、ライトに五人も新しい人が入社して来て会社の雰囲気がガラリと変わったんです。でも、みんな僕より年上で、相変わらず下っ端なの。いちばんすごかったのは、向秀男*さんが来たことだね。向さんはサッポロビール（当時・日本麦酒）の宣伝部にいて、前からライトに仕事を出していたんです。すごく才能がある人で、サッポロビール勤務時代に社長より遅く出勤してたんだって（笑）。生意気な男だっていうんで、清涼飲料課に回されたの。つまり、メインから外されたの。それを知ったライトの社長の信田さんが呼んだんです。これはもう大正解。向さんが入ってきて、コピーをポンポン書いて、写真とデザインで高い評価を得ていた会社だったのが、本格的な広告がつくれるデザイン会社になった。それはもう、はっきりとしているね。向さんは、今でいうライトにはならなかった。村越襄*さんや僕なんかだけでは、今日のCDとADを合わせたような存在。スーパーマンですよ。向さんは趣味で個人的に撮っていた写真がすごくうまくてね。カメラ雑誌でしょっちゅう賞を獲っていたんです。つまり、公募あらし。給料より賞金の方が多かったという人。そういう才能があったの。ただ、服の趣味がねー。皆さんご存じないんですけどね、センスがないんですよ（笑）。靴の先に金歯みたいのが入ってるのとか、グッチみたいなベルトとか、キラキラしてるのが好きなの。高いの買うんだけどね、安く見えちゃうの。信田さん、村越さん、伏見さんはお洒落でさ、モデルみたいにカッコイイじゃない。で、みんなで向さんのことをバカにするんですよ。オフレコだけどね（笑）。

そして、この頃から素晴らしい仕事をする向さんの指名でレイアウトをやり始めて、ブリヂストンや、ヤマハの仕事が増えていくの。とにかく僕は早いしさ、レイアウトに関してはうるさかったんですよ。何人（なにびと）も立ち入れない雰囲気になっちゃうんだな。まぁ、ここからは向さんの下僕ですよ、僕は（笑）。

●ライバル、田中一光さん

田中一光*さんは大阪のデザイングループにいたんだよね。Aクラブ*。それが日宣美

＊向秀男（一九二三〜一九九二）
東京生まれ。早稲田大学専門部政経学科中退。日本麦酒（現・サッポロビール）を経て、一九五七年ライトパブリシティ入社。その手腕によってライトパブリシティを急成長させた。一九七〇年副社長を経て、一九七七年独立、向デザイン企画室を主宰した。

＊村越襄（一九二五〜一九九六）
横浜生まれ。洋画、日本画を学んだ。兵役後一九四六年日本ビクター宣伝部に。一九五一年ライトパブリシティ創立時にアートディレクターとして参加し、日本デザインセンターの亀倉雄策との東京オリンピックの写真は彼のフォトディレクターとしての代表作。オリンピックの仕事とはいえ、日本デザインセンターの亀倉の仕事をライトパブリシティの部長が引き受けたのも面白い。

＊田中一光（一九三〇〜二〇〇二）
グラフィックデザイナー。一九五〇年京都市立芸術大学卒業。産経新聞社を経て、一九五七年ライトパブリシティ入社。その後、一九六〇年日本デザインセンター設立に参加。一九六三年より田中一光デザイン室を主宰。一九七三年より西武セゾングループのADとして活躍。多くのグラフィック作品は国際的にも高い評価を得た。

＊Aクラブ
一九五二年に結成された、木村恒久、永井一正、片山利弘、田中一光を中心とした大阪の若手デザイナーが参加した研究会。憧れであった早川良雄や山城隆一などをゲストに招き、議論を重ねた。

に招待されて、そのパーティーで会ったのが最初じゃないかな。作品もその頃見て、ショックだったの。僕なんか、印刷は四色で十分、紙なんかアート紙で十分だと思ってるじゃない。でも、大阪のデザイナーは違うんだよね。抹香臭いというかさ（笑）、紙なんか和紙みたいで、また色がすごいの。とくに田中さんは、すごかった。ヤバイなぁ〜と思ったよ。田中さんは一九五七年にライトに入ってきたんだけど、入ってすぐに作っただもん。年齢は五つ上だけど、ライバルですよ。僕より圧倒的にうまいんだもん。田中さんのカレンダーなんか傑作ですよ。銀なんか使ってるの！　銀だよ！　銀刷りのピアノがあって、黒い猫がいるの。印刷代がもったいないと思ってる四色主義の僕とは対極だよね。でも、圧倒的にいいの。それでね、それまで僕が担当していたヤマハのカレンダーを、持っていかれたんですよ〜。すごい、ショック。でも、いいものをつくれる人だから、またすぐにすり寄っていったわけ（笑）。かなわないと、すぐに仲良くなるんだよ（笑）。

ただね、当時は仕事をする部屋が違っていたんです。田中さんと村越さんは、貿易会館にあったライトの写真スタジオの中にいて、きれいな仕事ばかりしてるの。能・狂言のポスターなんか作っちゃってさ。僕なんか向さんと商業美術でしょ。僕はライトにとって働き頭だから額に汗かいて仕事してるのに、あっちは優雅なの。これも忙しい家に生まれたせいなのか……不幸な役回りだよねぇ。

●デザイナーとしての初仕事

アシスタントではなく、デザイナーとして最初に手がけた仕事は、三菱化成のカレンダーなんです。ライトでは、以前から三菱化成さんの産業用肥料の袋なんかをデザインしてたの。三菱のマークとかロゴマークを、みんな手描きで深野さんがやってたんです。

それでね、ある日、三菱化成宣伝課長の富岡惣一郎さんが来て、「細谷くん、カレンダーを作るから。明日福岡へ」って言われたの。三脚とローライフレックスと、白黒の6×6のフィルムを二、三〇本持たされて、寝台で二五時間ですよ。新幹線なんかないんだから。そしたらさ、富岡さんは飛行機で行ってるんだよ！「よく来たな」なんて言われてさ。いやぁ、参りました。で、帰りも寝台。普通、帰りぐらいは飛行機でしょ！ 二二歳だけどさ。今だったら怒り狂うよね（笑）。

撮影は三菱化成の福岡工場。空中にパイプラインが通ってるんですよ。富岡さんが「見上げる」とテーマを決めて、二人で撮ったの。初出張で初めて写真を撮るんだよ。一応、露出とか教わったけど、不安だらけですよ。でも、一日中興奮してタッタ、タッタ撮ってね。見上げると、逆光で構造物が黒っぽく見えるの。まるで構成的なデザインみたいに。帰ってきてライトで紙焼きしてもらい、セレクトして、まとめて。どれを自分で撮ったかわからないけど、僕の写真もこの中にありますよ。この仕事で、こういう共同作業もデザイナーの仕事かなと思ったね。共同作業でも、結果的に自分のデザインにしていくことができるんだ、と。つまり、デザインのなんたるかがわかったんです。

モノクロのカレンダーデザインが新しいと言われて、五八年のADCの銅賞をもらったんです。富岡さんからも誉められましたよ。当時はね、賞をもらわないと誉められないんだから、はっきりしてるの（笑）。クライアントがいちばん欲しいのはADC賞。それが最高のご褒美。初めての仕事で賞もらって、ようやく、地に足がついたみたいな感じだったね。

●二一の会

そして五九年に、「二一の会」*に入るんだよね。なぜか亀倉先生に誘われて。断る

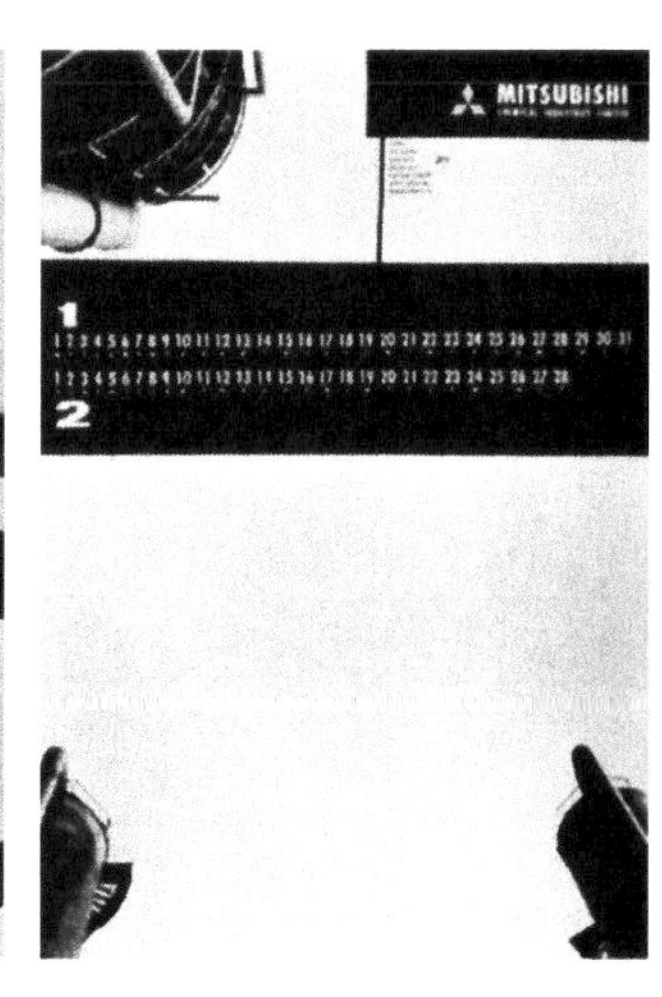

三菱化成カレンダー　一九五八年

*二一の会
一九五九年、亀倉雄策、粟津潔、福田繁雄、勝井三雄、江島任、仲條正義、細谷巖、村越襄、田中一光、木村恒久、片山利弘、永井一正らが参加。これからのデザイナーは知性も必要との考えから、ビジュアルコミュニケーションとは何かを考え、デザインの本質に迫ろうとした。

理由もないからさ……。今思うと、厳選された人たちだったよね。建築家、作家とか。毎月二一日に会って、二一人じゃなかったかな。麻布の文化会館で最初何度か会合があって、そうこうしているうちに京都旅行に行くことになったの。お寺とか桂離宮とかを回るんですよ。次が日光の東照宮。日本文化を見直そうってね。そうそう、亀倉先生が初めてアメリカのデザイン事務所探訪に行って、資料をどっさり持って帰ってきたこともあった。本格的にアメリカのアートディレクターシステムを取り入れようという動きが、この頃から始まったんです。ショックだったねー。初めてハーブ・ルバリン*とか、ルウ・ドーフスマン*が作った実物を見たんだもん。それを広げて、喧々諤々ですよ。杉浦さんは、また冷ややかだったんだけどさ。アメリカ嫌いだからさ（笑）。僕はもう、目を皿のようにして見ましたよ。建築家で評論家の浜口隆一*さん、建築家の菊竹清訓*さんなんかが講師で来てくれてね。東京の名建築も回ったりしてたよ。今思うと、不思議な会だったねぇ。後の日本デザインセンターのオルグ集団だったのかもしれないって話があるの？　そうかもな。僕と和田さん以外、そっくりデザインセンターに行ったもんね（笑）。

●キャンペーンという新しい広告

五八年に向さんとやったエバーソフトとヤマハの仕事では、ＡＤＣ金賞、銀賞、銅賞をもらったんです。どっちがうれしいって？　エバーソフトでしょ。だって金賞だもん（笑）。実はこのときにね、全媒体を通じたキャンペーンが初めて受賞の対象になったんです。つまり、今の広告の原形が向さんによって作られたの。寝具だから、夜のイメージでポスターを黒ベタにしたんです。大したことじゃないんだけど、それでも新鮮で、向さんが気に入ってくれてね。しかも、文字は黒ベタ白抜きじゃなくて色文字だというのが、当時新しかったの。黒の下に青色を敷くと、黒ベタが強くなる

＊ハーブ・ルバリン（一九一八～一九八一）
グラフィックデザイナー。ニューヨーク生まれ。クーパー・ユニオン卒業。サドラー＆ヘネシー社を経て、ハーブ・ルバリン社設立。タイポグラフィーの名手とも呼ばれ、一九六〇年代に手掛けた雑誌『エロス』、『アヴァンギャルド』は、欧米のグラフィックデザイン界に衝撃を与え、アメリカ文化の象徴とも言われた。

＊ルウ・ドーフスマン（一九一八～）
アートディレクター。ニューヨーク生まれ。クーパー・ユニオン卒業。一九四四年から一九八八年に副社長を退任するまで四〇年間に渡り、ＣＢＳの広告・デザイン担当クリエイティブディレクターを務める。新聞雑誌広告、テレビコマーシャル、パッケージ、映画タイトル、装幀、ＤＭなど様々な分野で数多くの賞を受賞する。

＊浜口隆一（一九一六～一九九五）
建築・デザイン評論家。前川國男建築設計事務所、東京大学助教授を経て、浜口研究所主宰。建築評論家の草分けとして知られ、『ヒューマニズムの建築』でデビュー。桑沢デザイン研究所にジャーナリズム・コースを、日本大学工学部建築学科でジャーナリズム研究室を創設。日本サイン学会初代会長、日本サインデザイン協会の顧問を務める。都市景観、町並み保存、ピクトグラムなどの問題に取り組んだ。

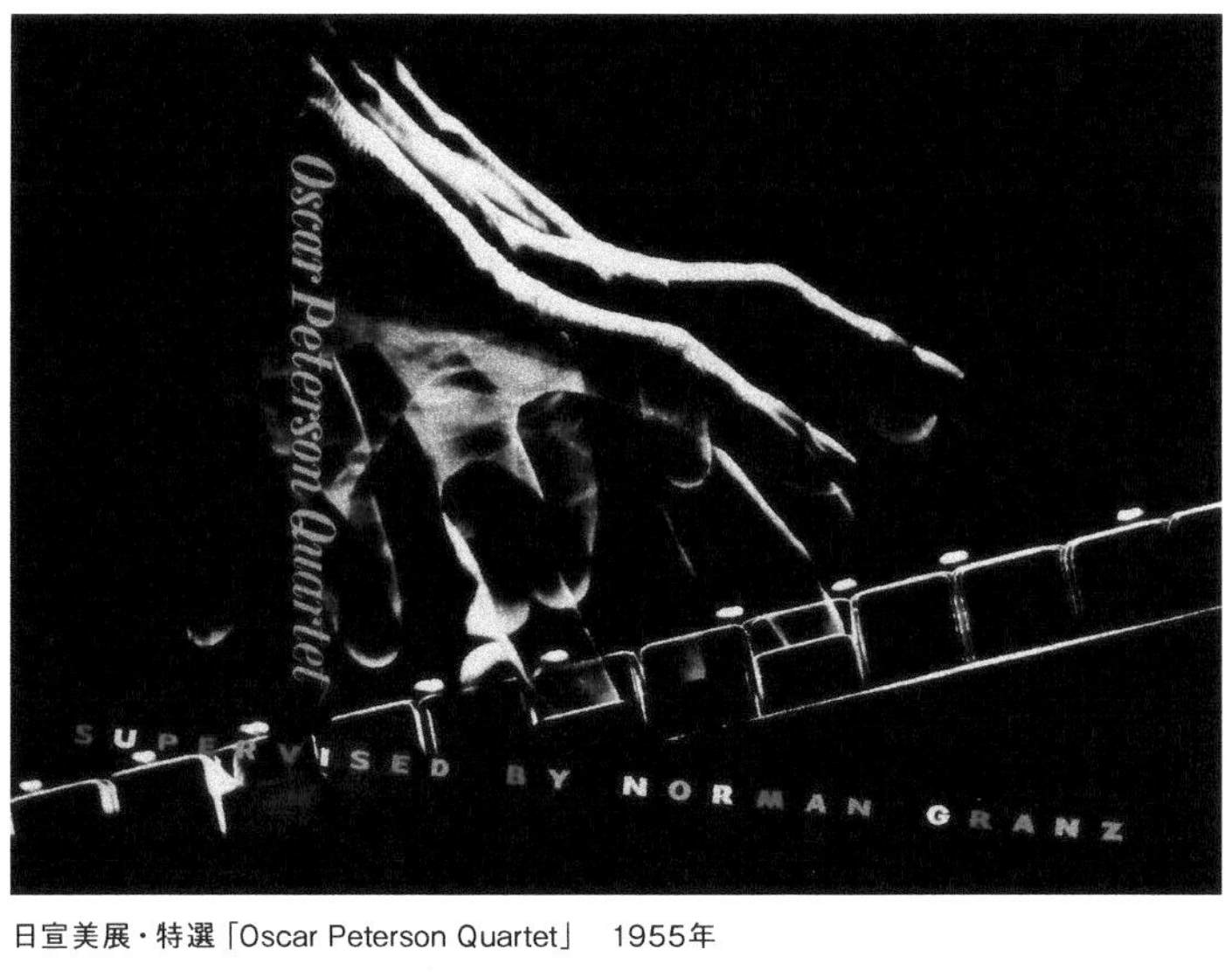

日宣美展・特選「勅使河原蒼風」 1956年

日宣美展・特選「Oscar Peterson Quartet」 1955年

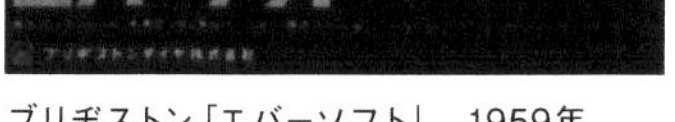

ブリヂストン「エバーソフト」 1959年

ヤマハ発動機 1961年

ヤマハ発動機 1959年

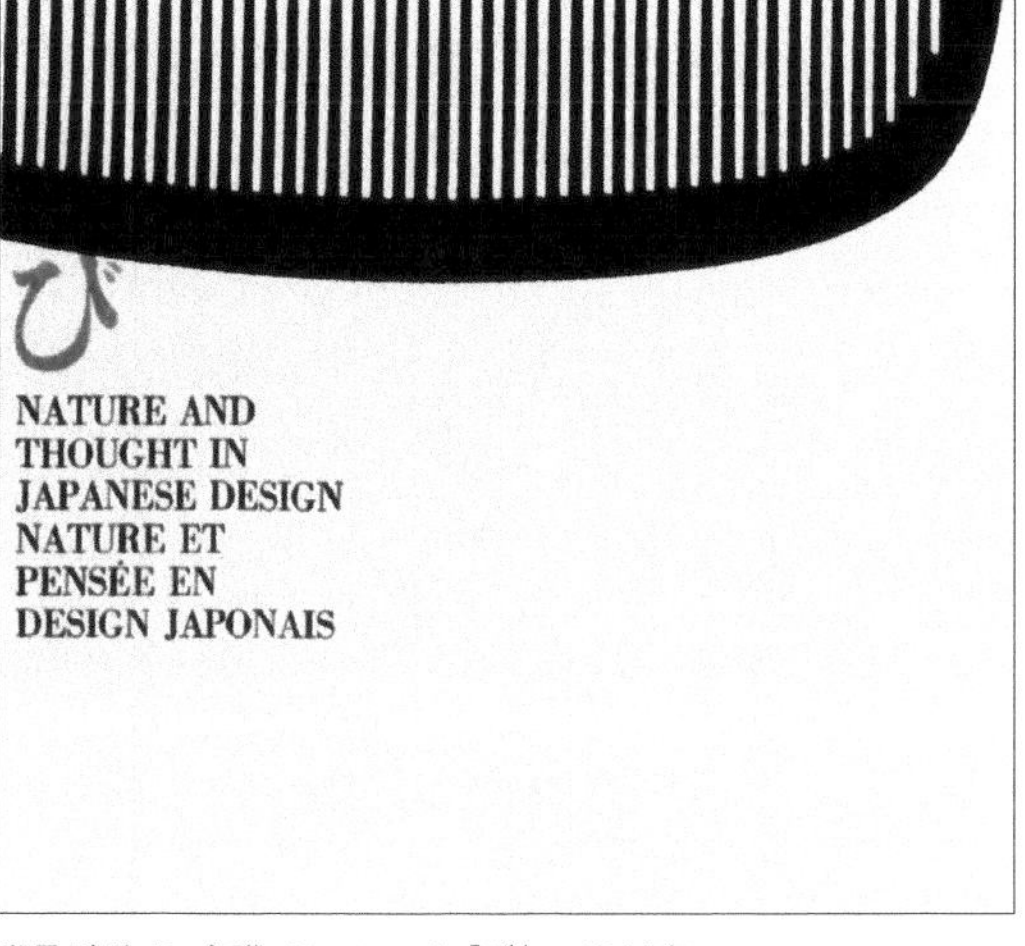

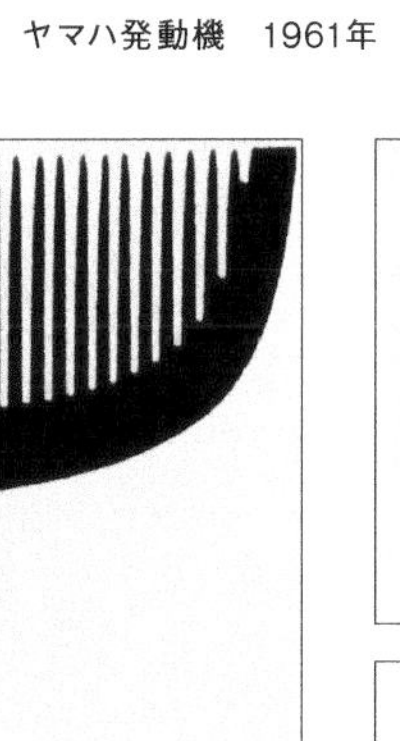

世界デザイン会議パンフレット「び」 1960年

でしょ。それでね、写真の下にもパールトーンのインクを敷いて、写真を強く見せる工夫をしたんです。でも、エバーソフトはロゴタイプがダメなんだよ！　とくに「ブリヂストン」がひどいの。今だったら恥ずかしいね。もっとよくなるのに。でも、当時はいじらせてもらえなかったの。それなのに、だいぶ経ってからだけどさ、向さんがこのロゴが悪いのを僕のせいにしたの。「なに言ってんの！」だよね（笑）。

ヤマハは北井三郎*さんが入社してすぐ、一緒に組んでやった仕事だね。オートバイのポスターは、デビュー当時の石原裕次郎さんを起用したんです。もちろん顔のアップも撮りましたよ。でも、評判になったポスターには顔なんか映ってなくてさ、すごい使い方だよね（笑）。これがＡＤＣの銀賞。

●整理整頓こそデザインの本質

ヤマハの仕事について北井さんが「計算された偶然性」なんて話してるの。でも、当たり前じゃないの？　与えられた条件の中で、いかに効率的にものを作るかということは、この仕事の基本でしょ。村越さんや伏見さんはモデルを使って遠くまで撮影に行くんですよ。でも、僕はそういう発想が湧かないの。お金をかけないでやるの。とにかく最小限、何をするかを整理整頓する。今でもそうだけど、僕がライトでもいちばん金をかけないＡＤですよ。時間がないんじゃなくて、ケチなの、ケチ（笑）。どうせ原稿料決まってるんだからさ。そういうのが本能的にあるんですよ。なぜかというとね、実家が小売店をやっていて、利益率のことが小さい頃からトラウマのようにインプットされてるから（笑）。商売って、一円のあめ玉を売るのがいちばん儲かるんだって。仕入れが五銭か一〇銭ぐらいなんですよ。それを聞いたときにね、ハーッと思ったの。ライトに入っても利益率のことは本能的に考えてたね。デザインとは、いかにシンプルにしてビジュアルコミュニケーションを成し遂げるか、ということで

＊菊竹清訓（一九二八～）建築家。福岡県生まれ。早稲田大学建築学科卒業。竹中工務店を経て、菊竹清訓建築設計事務所開設。出雲大社庁舎で注目され、東京都江戸東京博物館をはじめ多くの建築を手掛ける。また、沖縄海洋博「アクアポリス」空間プロデューサー、長野オリンピック空間構成監督、二〇〇五年日本国際博覧会総合プロデューサーなども務める。

＊北井三郎（一九三四～）写真家。早稲田大学卒業後、ライトパブリシティ入社。苗場国際スキー場、ヤマハ発動機、ブリヂストンなどの広告写真を担当。一九六六年同社を退社し、フリーに。亀倉雄策と組んだ万座スキー場のポスターでＡＤＣ銀賞受賞。

しょ。複雑な条件をいかに整理整頓するか。それと利益率というのは均しいんじゃないかと思うけどね。まだ二二、三歳だけど、この頃から、そういうこと考えてましたね。

六〇年代

●日本の「び」をデザインする

一九六〇年に、世界デザイン会議*が日本で初めて開かれたんです。グラフィックだけじゃないから、当時の経団連会長の石坂泰三さんを亀倉先生なんかが中心になって口説いて実現した一大イベントだったんだよね。そのとき配付資料として、「日本の美」を知ってもらうために海外のデザイナー向けに「び」というパンフレットを作ったんです。評判よかった、と思いますよ。恥ずかしいね、こういうの（笑）。これはね、会議の広報委員をやっていた原弘*先生から話が来たんです。写真は二川幸夫*さんで、原先生と同じ江戸川アパートに住んでいたことから二川さんに話が行ったんです。会社が終わってから夜行くんだけど、二川さんの自宅で写真を撮って、毎晩徹夜に近かった。もちろんライトの仕事じゃなくてボランティアですよ。

二川さんは四つぐらい年上かな。早稲田大学の学生だった頃から「日本の民家」を撮り続けていた人でね、やがて、確実に失われてしまう文化財をひたすらに追い続けるすごい人なんです。ところがね、僕の方はライトのカメラマンと仕事するのとおんなじ調子で、あーしろ、こーしろと言ったのよ。刀をこう並べてとかさ。そしたらさ、「俺は今までデザイナーなんかに指示されたことはない！ お前は若いのに生意

＊世界デザイン会議（一九六〇）
一九六〇年五月、デザイン界初の国際交流を目的に東京で開催。二七カ国、二百数十名のデザイナー、建築家が集まった。国内においても「デザイン」という言葉が一般的になった。

＊原弘（一九〇三～一九八六）
グラフィックデザイナー。長野県生まれ。東京府立工芸学校（現・東京都立工芸高校）卒業。日本デザインセンター設立に参加。日本のグラフィックデザインの草分け的存在。

＊二川幸夫（一九三二～）
写真家。早稲田大学文学部卒業。二四歳で写真集『日本の民家』を出版し、毎日出版文化賞を受賞。その後、一九七〇年にエーディーエー・エディタ・トーキョーを設立し、『GA（グローバルアーキテクチュア）』を創刊。現在『GA JAPAN』『GA HOUSES』『GA DOCUMENT』などの数シリーズを発行。また、一九八三年には東京千駄ヶ谷に国内初の建築専門の「GAギャラリー」を開設。

気なヤツだ」って二川さんがあきれ返っちゃってね。それで、かえって気に入られたの（笑）。で、二川さんはしぶしぶだけど、僕の言う通りに全部撮ってくれたんです。二川さんとのつきあいは、ここから始まって、やがて『日本のかたち』をやって、『GA』の仕事まで続くんです。

この時のパンフレットに文を書いた、伊藤ていじ*先生との出会いも大きかったね。日本人が長い時間を経てつくりあげた「日本の美」について、難しいことをやさしく語る人。文章、素敵ですよ。それで、この先生が大好きになっちゃったの。レターヘッドなんかも作ってあげたんですよ。そうそう、名前を〝イワオ〟じゃなくて〝ガン〟にしたほうが強くていいと言ってくれたのも、伊藤先生。HOSOYA GANと名前を入れたのも、この時からだね。その伊藤先生編集のパンフレットなんです、「び」は。曲線とか、直線とか、日本の形のエレメントを集めてくるの。それを編集して、文字を日本語、フランス語、英語と色分けしてね。ところが、なぜか表紙だけ作れなくて……白井正治*さんに協力してもらったの。なぜ迷ったのか、今もわからない。

本格的なエディトリアルデザインは初めてだったんです。田中一光さんが、「へぇ〜、ガンちゃんすごいなー」って驚いたもん。日本のモノって、みんな抹香臭いじゃない。それをモダンにデザインして。僕が言うのも変だねー（笑）。僕はね、アメリカンっぽいんですよ。だから、当然こうなっちゃうの。田中さんがやると、もっとほら、自分の形を盛り込むことになると思うよ。僕は自分というものが全く必要ないと思っているから、モノでレイアウト。それは今でも変わってないよね。

●文化系の仕事とアルバイト

当時ライトではね、文化系のアルバイトは「ボランティア」と言って、良しとされていたの。正式な仕事が「丸」で、アルバイトは「三角」。でね、僕は社内で秘かに「三

『GA』一九七八年頃

＊伊藤ていじ（一九二二〜）
建築史家。東京大学建築学科卒業。ワシントン大学客員教授、工学院大学学長・理事長、文化財保護審議会委員などを歴任。著書に二川幸夫との共著『日本の民家』（全一〇巻）、『民家は生きていた』、『日本デザイン論』など多数。

＊白井正治（一九三〇〜）
グラフィックデザイナー。東京生まれ。千葉大学工学部工業意匠科でバウハウス流教育をたたき込まれ、在学中から岡本太郎らの二〇世紀友の会、瀧口修造らの実験工房の運動に参加。オリコミ広告を経て、日本デザインセンター設立に参加。富士製鉄の広告、その後雑誌『太陽』のエディトリアルデザインなどで活躍。

角王」と呼ばれていたんです（笑）。六三年の草月会館のポスターは、僕の中では異色の仕事。文化系。草月会館って、当時の文化拠点なんですよ。そこから頼まれたんだよね。いやー、ドキドキしましたよ。この仕事、僕の前には、杉浦さんとか、和田さんとか、粟津さんが当たり前のようにやってたけど。「6人を乗せた馬車」は会心の作だね。このポスターはのちにポール・ランド*が誉めてくれたの。この足はね、篠山紀信*さんが撮った足の写真をなぞったの。なんで足が出てきたのかな？　でも、足がなかったらつまらないよね。感覚的なものでしょう。自分ではよくわからないよね。意外性みたいなものかな。会社の仕事ですが、日生劇場のオープニングのポスターもやったね。

内緒のアルバイトだったんだけど、六八年に大ヒットしたのが、明治のチョコバー。亀倉先生に頼まれて、先生を含めて三人ぐらいのコンペだったんだけど、色鉛筆でスケッチした僕のが決まっちゃったの。先生、怒り狂っちゃってさ（笑）。

広告も、文化系も、僕にとっては同じなんです。基本的に仕事って嫌いだから。本当ですよ。オーバーに言うと、生きるための職業。そういう意識が今でもあるんですよ。普通さ、この仕事が好きだからデザイナーになった、みたいなね。でも、僕は生きるためにこの職業を選んだわけでしょ。与えられた仕事を一生懸命やる。誠実に、責任をもって応える。もう、それだけですよ。

●イメージをデザインする

『アサヒカメラ』は、当時、カメラマンがデザイナーと組んで表紙を作ったことが、業界で話題になったんです。最初は三カ月分頼まれたんだけど、評判が良くて安齋吉三郎*さんと僕で一年間やったの。同じコンビで一年間やったのは、初めてだったと思うよ。

＊ポール・ランド（一九一四〜一九九六）
グラフィックデザイナー。ニューヨーク生まれ。二三歳の若さで雑誌『エスクァイア』『アパレル・アーツ』のアートディレクターに抜擢される。IBMやウエスティングハウス電気などのデザインコンサルタントを務め、数々の名作を生み出した。教育者としても活躍し、イェール大学などでも教鞭をとっていた。

＊篠山紀信（一九四〇〜）
写真家。東京生まれ。日本大学芸術学部写真学科、東京綜合写真専門学校卒業。学生時代からライトパブリシテイに籍をおき、大学三年の時に第一回APA賞を受賞するなど、若くして頭角を現す。一九六八年フリーとなり、常に話題性の高い写真やヌード写真を発表し、出版、広告界で精力的に活動を続ける。

＊安齋吉三郎（一九三六〜）
写真家。東京生まれ。日本大学芸術学部卒業後、ライトパブリシテイ入社。細谷巖、秋山晶らと共に俳優三船敏郎をモデルにした「男は黙ってサッポロビール」のキャンペーンに携わり、写真家として一躍脚光を浴びる。その後も、東レ、ユナイテッド航空、ヤマト運輸等の仕事に参加する。

これは、表紙の言葉がいいんだよね。毎月書いたの。我ながら、すごいよ。これは声を大にして言いたいね。全然教養なんかないのにね、なぜか自分のことに関しては詩的なんです（笑）。原稿料が安いからロケなんか行けないの。球体の石膏を買ってきて、自分で壊して、中に赤い水を入れたりね。ある一つのモノを取り上げて、それに意味を持たせて、イメージをデザインしたんです。それをうまく書いているんですよ。ぜひ読んでいただきたいなぁ。今はもう、手に入らないかもしれないけどね。

……「球は、美しい形だと思う。そのような美しいものは、必ず何かを内側に秘めているものだと思います。——球をポカッと割ってみた。内側は外側に比べてデコボコで形もわるく、しかも何もはいっていなかった。——真赤な水を注いだ。最初はアブクがいっぱいできていたが、やがてそのアブクも消えて内へ内へとエネルギーをたくわえ押さえるかのように、あとは静寂そのものだった。器の中の真赤な水は、不思議に〝血〟を想像させなかった」（一九六二年四月号）……こんな感じ。

●東京オリンピックポスターは誰が撮ったのか

六四年が東京オリンピックでしょ。で、その二年前に亀倉先生が例のスタートダッシュのポスターを作っているんです。亀倉先生がライトの早崎治*さんに頼んで、アシスタントが四人ぐらい撮影に行ったんですよ。全員が同時にシャーッと撮ったの。で、問題なのは……誰が撮影したのか、という謎なのよ。フィルムができて、先生が来て、「どれどれ」とか言って、ビュアーの上でチョンチョンやってるわけ。僕は横で見てましたよ。亀倉先生が「これだ！」と言って選んだのが6×6だったの。撮影で、アシスタントをしていた安齋さんだけが6×6で、あとはみんな35ミリで撮ってたから、それはもう、はっきり安齋さんが撮った写真なのよ。結局、早崎さんに頼んだ仕事だからさ、フォトディレクション・村越襄、撮影・早崎治のクレジットになってる

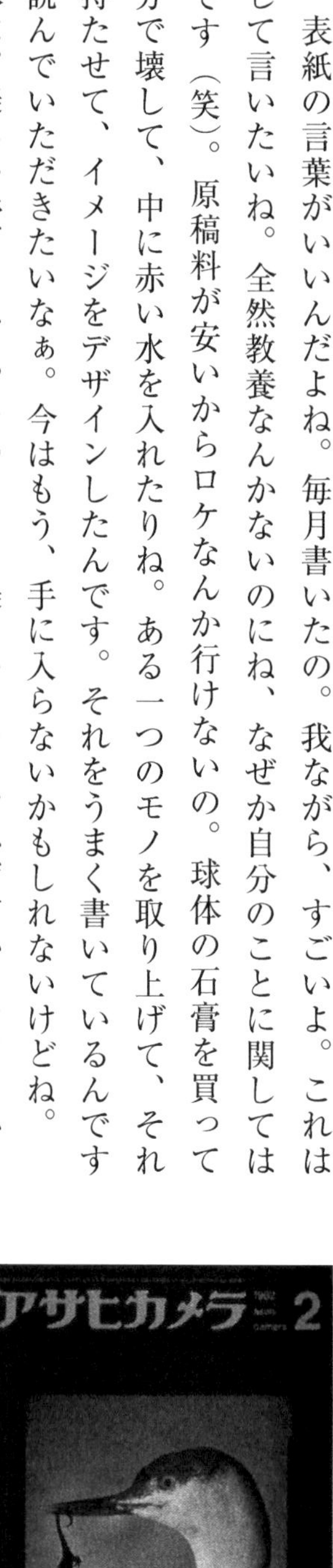

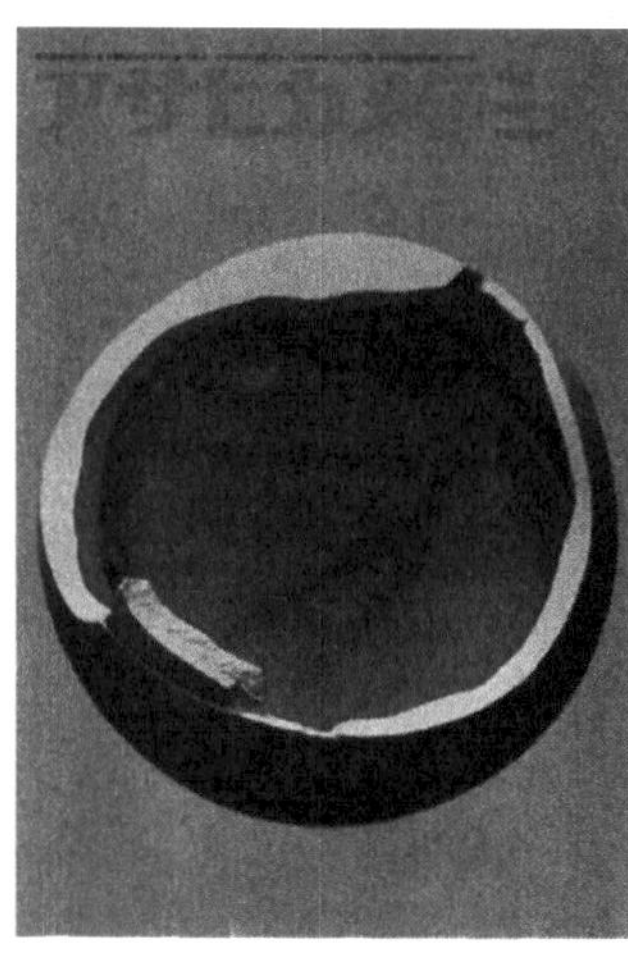

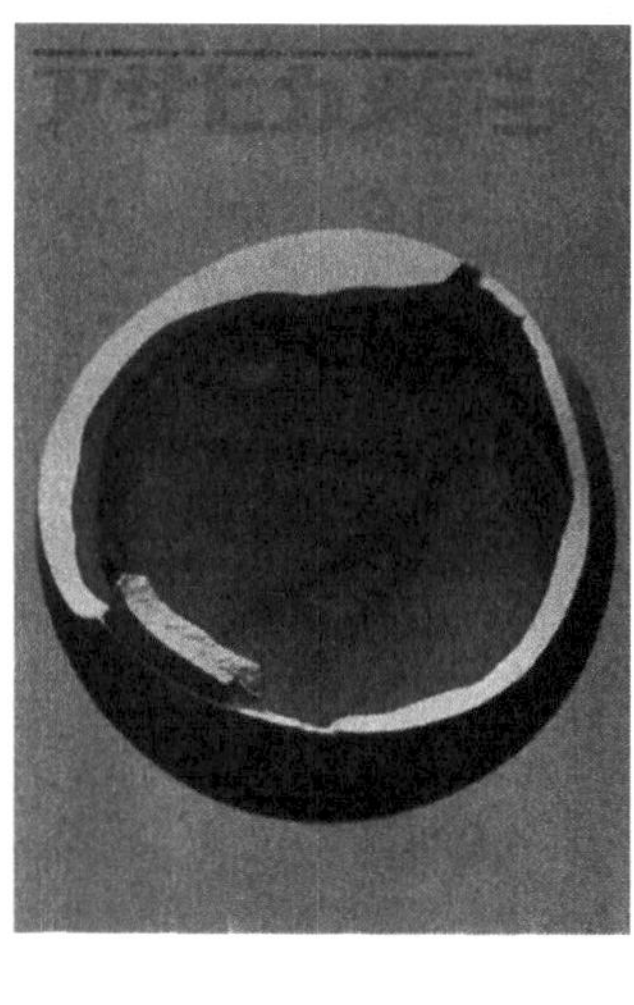

『アサヒカメラ』 一九六二年

＊早崎治（一九三三〜一九九三）写真家。京都生まれ。立命館大学経済学部卒業。ライトパブリシティを経て、一九六五年独立。一九六一年の亀倉雄策、村越襄と組んだ東京オリンピックのポスターの三部作や一九七〇年の大阪万博の仕事は大きな反響を呼んだ。

でしょ。シャッター押したのは安齋さんだけどさ、それはしょうがないんだって。安齋さんは「あれは俺の写真だ」って、言い続けてたけどね。

このポスター、レイアウトがうまいんですよ。TOKYOの字数と1964、ちょうど字数が一文字足りないの。そこにクレジットをね、ピッと線を入れて。うまいなーと思いましたよ。モデルはアルバイトのアメリカの兵隊さんね。選手は使えなかったんだって。当時のストロボのパワーが足りないから、東京中のストロボを集めて撮影したとか、そんな話もあったよね。

●二八歳・結婚

銀座に「25時」というバーがあって、社長の信田さんや総務の佐々木勝男さんに、よく連れていかれてたの。もとは「エスポアール」っていう文壇バーにいた女性が、独立して小さなバーをやってたんですよ。……その人なんです。年は一つ下。ジーン・セバーグにちょっと似ていて、勝ち気で生意気な女性でね。恥ずかしいねー、こんな話（笑）。最初はおごりで連れていかれてたんだけど、後半は自力で行きだしたんですね。なんかね、早く結婚しなきゃいけないという強迫観念があって、相変わらず仕事は忙しいし、しっかりしてる人がいい、なまじ優しい人はダメだと思ったらしいんだな、どうも僕は（笑）。ま、それでね、もしかしたら、この人しかいないというんで申し込んだんだよね。生意気な女だと思っていたんだけど、「結婚するからには店をたため」と言ったら素直だったの。

一九六四年の四月七日に結婚したんです。赤坂の日枝神社のところにあった当時のシルクホテルで、披露宴は和田さん演出で、記念写真は篠山さん。そうそうたるメンバーですよ。またスピーチがすごくてね、こっちはデザイン界、女房側が当時の文壇の先生たち。それを和田さんが、全部連絡してくれて、記録フィルムもつくってくれたの。実は、披露宴を二箇所でやったの。まず、日枝神社の披露会場で実家の人たちと。それがちっとも終わらなくてさ〜。「まーいいじゃねーか」とか、もう、独特の盛り上がりでね（笑）。それで、シルクホテルの披露宴を四〇分以上遅らせたの。亀倉先生に「なにやってんだー」って怒られてさ。今思うとゾッとするよね（笑）。

●二カ月間の新婚旅行

で、秋にアラウンド・ザ・ワールド。二カ月。一ドル三六〇円で、腹巻きにお金巻いてって時代に、二川さんから「世界の都市の建造物を見てきなさい」と言われたんです。それがとってもよかったの。ハワイからシスコ、ロス、メキシコ。ユカタン半島までいってマヤの遺跡、メキシコ大学で大壁画を見て、それからニューヨーク。ケネディ空港ができたばかりでね、エーロ・サーリネン*のデザインにすごく感動しましたよ。もう、憧れのアメリカでしょ。ADのヘンリー・ウォルフ*にどうしても会いたくてね。彼のコネチカットの別荘が素敵なんだよ。向こうのADって大金持ちなの。ニューヨークでは一週間ぐらい代理店巡りをしたんです。DDBにも行ったし、ドーフスマンにどっさり資料もらったり、トミー・アンゲラー*からオリジナルの作品ももらったね。その間、奥さんはほったらかし。ひどいね（笑）。

ガウディを見てこいというんで、次はスペイン。バルセロナにある教会、カサ・ミラ、グエル公園のモザイクに感激して、ピカソ美術館を見て、プラド美術館で初めてゲルニカのオリジナルも見ましたよ。次がイギリス。そのとき、ギネスを日本でサッポロビールが発売することになって、英国本社に広告のスケッチを持っていってくれと言われたの。簡単に受けたら、手配してくれたのがすごいホテルでさ、サボイ。風呂場なんかすごい広いの。次の朝、ロールス・ロイスが迎えに来たんだよ！　デカくて足なんかつかないの。どうも、日本でギネスの広告をやる代表者が来た、と思われ

＊エーロ・サーリネン（一九〇一〜一九六一）建築家。フィンランド生まれ。イェール大学で建築を学ぶ。主な作品に「ニューヨーク・ケネディ空港TWAビル」「マサチューセッツ工科大学ホール・学生用礼拝堂」などのほか、「チューリップチェア」がある。

＊ヘンリー・ウォルフ（一九二五〜）アートディレクター。ウィーン生まれ。一九五〇〜六〇年代、雑誌『エスクァイア』『ハーパース・バザー』などのアートディレクターとして活躍し、一世を風靡する。その後、広告代理店のオーナー兼アートディレクターを務め、現在は写真や絵画も手掛けている。

＊トミー・アンゲラー（一九三一〜）フランス生まれ。二五歳で米国に渡り、ブラック・ユーモアを秘めた独特の作風が注目され、イラストレーター、画家、漫画家、絵本作家として、幅広い分野で活躍する。絵本『すてきな三人組』は世界各国でベストセラーとなる。

てるみたいなんだよね。車の中でなんか様子がおかしいと思ったの。三井物産の担当の人もおかしいと思ってるんだよ。だって僕は、自分で描いたラフしか持ってないんだもん。本社に着いたら役員がズラーッといるんだよ。で、説明したら向こうの人も笑っちゃってるの。工場見学させられて、それから食事会。ギネスの生ビールが美味しかったね。まぁ、赤っ恥かいて二時頃帰してもらったんだけどね（笑）。

ロンドン、パリ、ローマかな。スイスのロンシャンで見たコルビジェの教会には大感動したね。そこからナポリ。シチリアへ行ったの。マックス・フーバー*の友だちの建築家の家に泊まったんだ。岬のきれいなところでしたね。次がギリシャ。パルテノン見なきゃいけない。ミコノス島も行ったね。最後がエジプト、ピラミッド。最大の建造物でしょ。建造物はその国の文化。それを効果的に見た旅だったね。やっぱり本物を見ないとね。広告の仕事以外にそういう体験をしたのはすごくよかった。肥やしというか、糧になったんじゃないかな。また、行く先々にみんな友だちがいたのも、すごくありがたかったね。この時代、こんなに長い旅行をしているの、そういないと思うよ。東京オリンピックはギリシャで、ラジオで聴いたんだもん。

●秋山晶さんとの出会い

デザインごころがついてから写真に興味をもって、最初にショックを受けたのは、『ライフ』で見たエルンスト・ハースの闘牛のブレ写真なんです。これぞ視覚言語だと思ったね。それを再現しようと試みたのが、北井さんと一〇年ぐらいやってたヤマハオートバイの広告。流れる風景、排気音、ガスの臭い、風圧といった五感に触れるもの、それによって引き起こされる緊張、興奮、快感を一枚の写真で表現したいと思ってたの。情報って五感から入るものでしょ。でも、当時はきれいな写真の商品広告が一般的。ブレ写真を使うなんて大冒険だったんですよ！　六一年に作ったヤマハ

＊マックス・フーバー（一九一九〜一九九二）グラフィックデザイナー。スイス生まれ。イタリア・ミラノのデザインスタジオやリナシェンテ百貨店でアートディレクターを務める。グラフィック、ディスプレイ、絵画など幅広い活動を展開。モンツァ自動車レースのポスターなどが代表作。

のオートバイのポスターがあってね。ブレ写真の迫力もイマイチで、あまりよくないから、横の写真を縦に使ったの。写真を九〇度転倒させたポスターなんて、なかったんじゃない。そういえば、秋山晶[*]さんは、この一連のシリーズで一九五九年にADC銀賞をとった「セル一発が風を呼ぶ……。」のピンク色のポスターを見て、ライトに入りたくなったらしいんです。

当時、秋山さんは講談社の宣伝部にいて、中井幸一[*]先生に仕事を頼んでいたらしいの。その頃、僕の恩師の佐藤努先生が神奈工を辞めて電通にいて、佐藤先生は中井先生とお友達でした。そんな縁で、銀座の「West」という喫茶店で会うことになったんです。度の強そうなレイバンのサングラスをかけて、直立不動でさ、「秋山です。よろしくお願いします」と、深々と頭を下げたのが最初でした。秋山さんは六四年の三月に入社してきたんだけど、しばらくは一緒に仕事してないの。同じ年の一〇月に浅葉克己[*]君が入ってきて、村越さんや浅葉君と一緒にキユーピーマヨネーズの仕事をやってたと思うよ。当時のライトはチーム制で、僕は朝倉勇[*]さんとの仕事が多かったんです。

●ボトル一本でも勝負できる

秋山さんとの最初の仕事が、一九六五年に作ったBLACK & WHITEのポスター。最初は、オンザロックのグラスとか並べてたんだけど、何かイマイチなんですよ。で、ある日ね、もうこれはボトル一発で何もしなくていいんじゃないかと、パッと思ったの。当時のラベルがいいんですよ。それで、「黒バックで、ボトルの下の方に小さな英文がたくさん入る」と酒場でサッサッと書いた小さなメモをカメラマンの早崎さんに渡したの。ところが写真が上ってこないんですよ～。早崎さんがライトのスタジオで撮ってる姿を見てるんですよ。でも、「いやー、まだ」とか言ってさ。そんなこと

*秋山晶（一九三六～）
東京生まれ。一九五八年立教大学経済学部卒業。講談社宣伝部を経て、一九六四年ライトパブリシテイ入社。現在会長。現役コピーライターとして活躍しながら、グラフィックとムービーのディレクションをこなす。細谷とのコンビは長く、多くの広告賞を受賞している。

*中井幸一（一九一七～）
広告評論家・プランナー。日本大学芸術学部卒業。電通を経て、日本大学教授に。著書に『ザ・宣伝部』『環境は広告を変える』など多数。一一年の歳月をかけてまとめた『日本広告表現技術史―広告表現の一二〇年を担ったクリエイターたち』は日本の広告史を探る上での貴重な資料である。

*浅葉克己（一九四〇～）
アートディレクター。神奈川県生まれ、桑沢デザイン研究所卒業。一九六四年ライトパブリシテイ入社。一九七五年浅葉克己デザイン室設立。日清カップヌードル、武田薬品アリナミンなど、日本の広告デザインの第一線で活躍。一九八七年東京タイポディレクターズクラブ（TDC）を設立。中国少数民族ナシ族の象形文字「トンパ文字」を研究し、精力的に発表している。

*朝倉勇（一九三一～）
詩人、「歴程」同人。コピーライター。静岡中（旧制）卒業。第一回ユリイカ新人賞一席を受ける。詩集に『神田川を地下鉄丸の内線電車が渡るとき』『鳥の歌』『みてみたいみたい』がある。

ないだろうと彼が出張している隙に引き出しを見たら、あったんだよ。僕としては、これでもう十分だと思ったわけ。ボトルの肩に窓を映し込んで、自然光で撮った傑作ですよ。早崎さんは、コピーが入るから、ボトル下のラインを入れたほうがいいのかどうか悩んで、もう一度撮ろうと考えていたらしいの。でも、もう締め切りが来ちゃってるしさ。その写真で印刷所に入れちゃったんですよ（笑）。早崎さんは、写真が無くなったと大騒ぎ（笑）。

英文の確認と組みに時間がかかったんです。当時は写植じゃないの。センチュリーオールド体で活版印刷所に頼んで清刷（きよずり）を作って……。B全だけど、二、三センチ横を細くしてスマートにしてるし、ポスターの下にいれたBLACK & WHITEの文字もね、ラベルの字ではなく、クセのないタイプフェイスにしてる。それがよかったんじゃない。ボトル一本でも立派なポスターが作れるというのは、後から思ったんですね。最初は全然。まさかこれがADC金賞を取るなんて思ってなかった。やっぱり、ラベルがよかったの。何でもそうなんだけど、モノがよくないと勝負ができないんですよ。

でも、このコピー……。「貴族がっ、くり国王が陶然」。点がないんだよ。忘れちゃったの。「貴族が、つくり」でしょ。秋山さんに怒られましたよ（笑）。

●五カ年計画の大キャンペーン（サッポロビールフライングラベル）

サッポロビールの大キャンペーンは一九六五年から始まったんです。最初の二年間は、朝倉さんのコピーで、「結論が出ました。サッポロビールは最初のうまさが持続する」。ビールに求める理想や購買動機を調査して、サッポロビールの品質特性をアピールするのが狙いだったんです。理想的なビールって、最初の一杯のうまさが続くことでしょ。サッポロは、技術的にも味を証明できます、とね。説明的なコピーだよね。そうなるとさ、製法だの何だの、あれこれ盛り込みたくなるわけ。そのクライア

ADC金賞・銅賞を受賞したポスターの前で
一九六六年頃

ントの意見を整理して、いかに捨ててテーマに迫るか……。で、考えたのが、フライングラベル。飲み飽きないうまさと高品質のイメージを訴求するために、ラベルを前面に押し出して、青空、雪山、宇宙空間に飛ばしたんです。ラベルには影と滴をつけて、シズル感を出したの。この滴が、当時斬新でね。ほかのビール会社が真似したんですよ。向さんはサッポロビールにいた当時から、このラベルがダサくて大嫌いだったんだって（笑）。「細谷君がね、俺の嫌いなラベルをずーずーしくも使った」と驚いてましたよ。僕はすごくいいラベルだと思うんだけどね。

●日本初のＤＤＢ的戦略広告（サッポロビール目かくしテスト）

フライングラベルの広告シリーズは、二年連続でＡＤＣ銅賞をもらったんです。でも、どんなにいい広告を作っても、モノが売れないとダメなんですよ。当時、キリンが圧倒的なシェアを占めていて、サッポロは美味しいけど女性的だという評価だったの。サッポロの広告を見て、逆にキリンが売れてしまう。すり込まれたイメージというのは、簡単に変わっていかないんだよね。そんなとき、『月刊消費者』という雑誌でラベルなしのビール試飲テストが行われて、いちばんうまいと得点を得たのがサッポロビールだったんです。次の二年間シリーズでやった「目かくしテスト」の広告アイデアは、ここから生まれたの。ビールのシェア競争に関心が集まるようになって、日本でも競争広告が受け入れられる時代が来た！　目かくしテストの結果をアピールすることで、銘柄選択の迷信が破れる！　と思ったね。ここから、秋山さんとのＤＤＢ調の戦略的な広告が始まったんですよ。

秋山さんも僕も、ＤＤＢのワーゲンの広告にすごく憧れていたの。あの広告は五九年から掲載されていたから、日本の広告業界でＤＤＢに憧れている人は多かったと思いますよ。でも、ちっともＤＤＢ風が出てこないんだよな。まぁ、クライアントの理

写真家の萩原正美氏の展覧会作品にモデルとなり、ライトのユニフォームを着て　一九六八年頃

解もあるよね。当時、サッポロビール宣伝部には、部長の平野勝さんっていうすごい優秀な理解者がいたんです。秋山さんが平野さんにコピーを相談に行くわけで、翌日には僕の机にポンと置いてある。それからデザインを考えるの。二人で会議なんかしたことなんかないよ。あうんの呼吸。お互いに打ちあわせ嫌いだし。今でも一切会議はしない。「ビールの銘柄指定には迷信もあるようです」。このコピーをみたらヴィジュアルは削ぎ落とすしかないんだからさ、必然ですよ。でも、迷信のテーマで、点線のビール瓶まではなかなかこれないでしょ。商品が映ってなくて、点線だけでクライアントのOKが出るかどうか、心配はしたけどね（笑）。

このシリーズは、ノングラフィックに近いんじゃないの。ビン一本で展開していく広告は、DDBのシーバスリーガルの広告にも影響を受けたんです。DDBっぽい広告が日本で初めてできたな、という感じ。形にするには、〝こういう広告を作りたい〟という強い思い入れが必要なんです。この広告シリーズが話題になって、各地で「目かくしテスト」の出張パーティーが開かれたりね。広告が世の中を動かす、という実感がありましたよ。

●男は黙ってサッポロビール

「目かくしテスト」で広告的な評価を得たけれど、サッポロビールはまだ女性的なイメージが強かったんです。一方、キリンは苦味で売れていた。それでね、五カ年計画大キャンペーンの最後の年（一九六九年）に、宣伝部長が平野さんから松浦巖さんに替わって、キリンに対抗するために三船敏郎さんの起用を決めたんです。ちょうど広告媒体が印刷からテレビに移ったというのもあったんでしょうね。ノングラフィックから、一転してタレント起用。最初は困りましたよ。NHKの調査だったと思うけれど、当時、好かれる男性のナンバー1は「寡黙な人」というのがあってね、そのう

サッポロビール新聞広告　一九六八年

ち秋山さんがこのキャッチを作りあげたんです。男・沈黙・サッポロビール。それで、「男は黙ってサッポロビール」。原稿用紙に書いて持ってきてね。僕はいつも明朝を使っていたけど、これはゴシックを使わざるを得ないなぁと、いろいろやってみたの。けど、ダメなの。何か違うの。黒澤映画の三船さんは魅力的でしょ。一枚の印刷媒体で黒澤映画に勝つためにはどうしたらいいか……。それで思いついたのが、筆文字。黒澤映画はタイトルがみんな筆文字でしょ。でも、僕は筆文字が嫌いなんですよ。だって、アメリカングラフィックだとか、ＤＤＢとか言ってるのにさぁ。自分がそんなことをしていいものかと（笑）。

最初は、実際に黒澤映画のタイトルを書いていた京都のお寺の和尚さんにお願いしたんだけど、その人には頼めなくて、そっくりの字を書く東宝宣伝部の益川進さんにお願いしたんです。左右二メートルぐらいの紙に縦書きと横書きで五枚ずつぐらい。当時はＭａｃなんかないから、カメラで複写して、印画紙を一字一字切り貼りしたんですよ。いいとこ取りで。このポスターには、ロゴも会社名も、ラベル、ボトルも入ってないの。もう画期的なこと。日本の広告表現ではあり得ないことだったね。反対意見も出たんですよ。でも、宣伝部長の松浦さんがＯＫだっていうのよ。そういう決定権がある人との巡り合い。それがすごかったんじゃないかな。秋山さんのコピーもすごいんだけどさ。この話、いつもしているからさ、恥ずかしいね（笑）。

筆文字、嫌いだったけど誉められたからうれしかったですよ（笑）。結果を見ると当たり前に見えるけれど、思いつくのも、気がつくのも、人によるよね。筆文字が嫌いでも、気がついちゃったんだから（笑）。広告業界の人はみんな、びっくりしたって言ってましたね。本人が好むと好まざるとにかかわらず、モニュメンタルな広告になっちゃったんだよね。そういう仕事に遭遇してる。散弾銃より、ライフル。数を打てば当たる、っていうのはかっこ悪いじゃん。つねに一発勝負というのが頭の中にあ

サッポロビール　1970年

「BLACK & WHITE」　1966年

明治製菓　1968年

「6人を乗せた馬車」　1963年

日宣美展・出品「INVADER」　1969年

毎日新聞社　1972年

サッポロビールは最初のうまさが持続する

サッポロビール　1966年

るんですよ。スナイパーですよ。そういうスタイルはこの広告でつかんだね。

●新聞紙面構成への提案

六〇年代後半はプロダクションが対抗して仕事で戦い、日宣美賞やＡＤＣ賞を競っているみたいな時代だったね。当時のライトは、美術部に一三人も日宣美会員がいる珍しい会社でね、六七年の夏は、一三人の共同製作で日宣美展に出品してみようということになったの。「新聞紙面構成への提案」というテーマは僕が言い出したのかな？新聞紙面は旧態依然としていて可読性が悪い。紙面がきれいになれば新聞広告も変わってくる。普段から新聞広告を作っている割りには、新聞紙面の組みに無関心だった。そんな反省も込めて、一三人のデザイナーが社会面から経済欄、スポーツ欄まで、広告ページも含めて自由に提案をしたんです。フォーマットだけ決めてね。一面は、僕がやったの。なんて言うの……暗黙の了解で（笑）。で、新聞の見出しに黒ベタ白抜き文字を使ったんだけど、実は、その手法って、このときが初めてだったんだって。今では事件なんかあると、すぐ黒ベタでバーンとやるでしょ。朝日新聞社の人から誉められた記憶がありますね。横組みにした題字もいいんだけどなー。さすがに本チャンには採用してくれなかった（笑）。小さな前向きの姿勢が認められたのかな。この年の日宣美会員賞をもらったんです。僕自身、会員賞は初めて。必死でしたよ。これだけの顔ぶれで日宣美展の会員賞を獲らないと、ダメなプロダクションになっちゃうからさ（笑）。

●INVADER

六九年の日宣美展には「インベーダー」という作品を出品したんです。都市の写真の青空に、不思議な黒い物体が浮んでるの。植草甚一[*]さんが「いちばん感心した。一

朝日新聞
大戦の回避で一致
米ソ・グラスボロ会談終る

日宣美展・会員賞「新聞紙面構成への提案」
一九六七年

＊植草甚一（一九〇八〜一九七九）
評論家。東京生まれ。早稲田大学理工科除籍。東宝を経て、一九四八年から映画評論を書き始める。のちにミステリーやジャズの評論や編集に携わる。七〇年代「街の神様」と慕われた。雑学や古本コレクションで知られ、

度見たら忘れられない不気味なユーモアがある」と評してくれたんです。日本人って、ユーモアを解さないところがあるでしょ。それに挑戦したの。僕としては珍しいタイプの作品だと思うよ。ただ、時代は確実に変わりつつあったね。その六九年の夏、審査会をやってるときに、学生が乱入してきたの。権威を持った日宣美展の存続か、解散か……。僕は全然わからない。ノンポリだから……。悩みましたけどね。そして七〇年に解散でしょ。安保改定、安田講堂事件、三島由紀夫事件。今思うと、「インベーダー」は、そういう不安な時代の予感だったのかもしれない。黒い形は、既製品の雲形定規をそのまま使ったんですよ。

七〇年代

●さようなら、人類。

これはね、毎日新聞社企画の「現代を見つめよう」をテーマにした公共福祉広告なんです。毎日新聞に指名された一二人で、それぞれ何のテーマをやるか、くじ引きがあったの。僕は忙しくて行けなくて。そしたら、残ってたのは「生活」。はて？　さて？　でしょ。それで、パッと頭に浮んだのが、このゴリラだったんです。上野動物園のプルプル君って言うんですけどね。小林正昭君*が別の仕事で撮ったものなの。本当はプルプル君の肖像権がありますね（笑）。ちょうどテレビか何かで絶滅していく動物の話を見たのかなぁ……。読者が共感できるのはこれしかないと思ってね。スクラップブックから取り出して、朝倉さんに渡したんです。寂しげなゴリラの顔を見て、朝倉さんはピンと来たんじゃないのかな。すぐ書いてくれたよ。こういうコピー

三浦半島諸磯海岸にて　妻（勢津子）、長女（まゆ）、長男（源）と　一九六九年頃

*小林正昭（一九四一〜）写真家。青山学院大学卒後、ライトパブリシティ入社。キヤノンの広告写真を数多く手がける。七一年からフリーに。大判写真機を使い、雲や原爆ドームでの風景を撮影した作品を発表している。

は、向さんや秋山さんだったら書けなかったと思う。すごい反響でね。広告を見て泣いてしまったという中学生もいたんです。「さようなら、人類。」というキャッチと文章も素晴らしいんだけど、ゴリラの表情がインパクトがあるんだと思うの。で、コピーは、新聞と同じ一五字詰めで組んでるんです。それも、毎日新聞社の活字に似た書体を使って。小さなこだわりですけど、デザイナーとしては、そういう仕上げを見てほしいんだよね（笑）。

●フリーにはならない

このころから、亀倉先生に「フリーになれ」って何十回も言われたんです。他の会社からの誘惑の話もいっぱいありましたよ。当時、フリーって憧れだったんじゃないの。でも僕は、フリーって全然興味ないの。独立して、ライトみたいな組織を作って維持するのは大変なことでしょ。安い給料でもこの組織にいたほうが得だという考え方なんですよ。それにね、当時はこんな素敵な会社にいるのに辞めていく方がおかしい、と思ってたの。広告の仕事って面倒くさいんですよ。営業がクレーム持ってくるし、何度も直さなきゃいけないから。それが嫌で文句を言って辞めていった人もいるけれど、自分で選んだ職業だからね。僕はさ、クレームがくると、逆に燃えるんだよね！　それに、器用じゃないし、組織の中に居ざるを得ないんですよ。そこが、組織に残った男と、フリーになった男の違いじゃない。で、若い頃は、もっと積極的にこの会社を大きくしてさ、役割としては一人で一〇人分ぐらい食わせなきゃいけないと思っていたもん。社長になろうなんて考えていた訳じゃないよ。何十回も言ってるけど。今言っても、言い訳みたいになっちゃうけど……。

●モーツァルトとサリエリ

七〇年代に入って、ピーター・マックス*とかサイケデリックのデザイナーが現われて、まず、ショックを受けたんです。で、七三年のADCで横尾忠則*さんの作品を見て、おったまげたの。

よく話すことなんだけど……スコットランドの羊飼いは、嵐や風をよけるためにくぼ地に羊を追い込んで、過ぎ去るのを待っていたんだって。それが、ゴルフのバンカーの由来でもあるんだけど……。それに喩えてさ、新人が出てきたときは羊飼いになって嵐が過ぎ去るまで、じ〜っとして待つの（笑）。そうすると、いつの間にか過ぎていくんですよ。横尾さんにしても、僕のやっているデザインとは全然違うじゃないですか。だから、よしとする、と。新しいデザインが出てきたら立ち向かって戦うとかさ、そういうのはないね。ま、白状するとね、タッチを変えてみる、というのはありましたよ。でも、どうトライしてもダメなんですよね。変えられないの（笑）。やっぱり、その人のデザインには、その人なりの必然があるんじゃないの。

時代時代に、必ずすごい人って出てくるよね。だから、モーツァルトとサリエリだよ。モーツァルトが突然出てきて、サリエリが焼きもち焼いてさ。でもね、昔を振り返れば、先輩の村越さんの後から出てきた僕も、モーツァルトだったと思うんですよ。どこの場面でもあるんじゃない。最後までモーツァルトでいられるっていうのは……ま、ピカソなんかはそうなのかもしれないなぁ。楽天的な性格で最後までね。やっぱり、エネルギーの質が違うんじゃないの。

●ケンとメリーのスカイライン

スカイラインの仕事は長いんです。「羊の皮をかぶった狼」と呼ばれた「2000GT-X」とかね、七〇年頃から向さんと一緒にやってたの。ケンとメリーはね、最初は「ジョ

*ピーター・マックス（一九三七〜）アーティスト。ベルリンで生まれ、上海、チベット、南アフリカ、イスラエルやフランスで幼少期を過ごす。一六歳で米国に渡り、アート・スチューデント・リーグなどで学び、広告やファッションの仕事を手掛ける。その後、絵画や版画にのめり込み、カラフルな色彩と質感が特徴のサイケデリックな作品を発表し、ヒッピーを中心としたフラワーレボリューションを代表する作家になる。

*横尾忠則（一九三六〜）グラフィックデザイナー、アーティスト。神戸新聞社を経て、ナショナル宣伝研究所に入社。日本デザインセンター創設時に転籍。一九六四年宇野亜喜良、原田維夫とスタジオ・イルフィル設立。一九六五年フリーに。ポップでキッチュなイメージや、情念的な表現をデザインやアートの世界に持ち込んだ。

ン&メリー」だったんです。ところが、当時営業担当だった鳥居邦彦[*]さんがね、「両方とも外国人じゃない」って言ったんだよね。そしたら、最初はへっちゃらだった向さんが「どう思う、どう思う」って、不安になってみんなに聞きだしてさ。男は日本人の方がいいってことで、ケンにしたの。ケンとか、ゲンとか、ガンとかさ（笑）。ロゴマークも最初はジョンで組んでたんだけど、一文字多いじゃん。ダメなんですよ。でも、ケンならパッと決まったの。相合い傘は向さんのアイデア。最初は真っ直ぐだったんだけど斜めにして、深野さんに仕上げてもらったんです。このロゴマークが大人気になって、Tシャツや文房具まで広がる一大ブランドになったの。毎年、相当なアイテムを作りましたよ。やがてケン&メリーも大人になって、「Mr & Ms」というロゴマークを作ったり、いろいろなバージョンがあるから大変だった。車の広告でこれだけのヒットというのは、珍しいんじゃないかな。

●細谷式スピードデザインの確立

僕はね、向さんのおかげで仕事が速くなったんです。とにかく、向さんはコピーを書くのが遅いの。僕だって夜は遊びたいのにさ、向さんのせいで僕の人生が台なしになっちゃうでしょ（笑）。それで、向さんが出社する前に、車の大きさ、ロゴタイプ、コピーはこう入るべきであろうというエレメントを三～四枚のトレーシングペーパーに写しておくんです。透けるし、動かせるじゃない。一枚の紙に書くと動かせないけど。で、コピーが来るとエレメントをパンパンと動かして、テープで止めて、これで仕上げます、と。そういうデザイン作法を編み出したの。我ながら速いよ！　こういうのも知恵ですよね。仕事の知恵。僕は、人のせいにするのが大嫌いなの。クライアントのせいにする人が。それは切りがないことだと思うの。お互いにカバーしてあげないといけないね。コピーだけ、デザインだけがよくてもダメなんだから、お互いに

*鳥居邦彦（一九三五～）

ライトパブリシティ代表取締役副社長（営業、財務担当）。一九五九年明治大学卒業後、ライトパブリシティ入社。営業部プロデューサーとして、キヤノン、キユーピー、パイオニア、大塚製薬、日産プリンス（スカイライン・グロリア）を担当する。

「スカイライン」アメリカロケにて　一九七一年

助け合って出し惜しみをしない。自分の能力を棚に上げて人のせいにしている人、多いですよ。

今はＭａｃもあるし、仕事が遅かったら、すぐにアディオスでしょ（笑）。当時はコピー機さえなく写真の拡大縮小もできないから、そのつど印画紙を貼るんです。コピーは写植。また、写植屋さんが遅いんだよね。打ちあがってくるとカッターナイフとラバーセメントで文字の空きを詰めるの。当時は文字を詰めるのが流行でね。浅葉君なんかすごいんだよ、写植が折り重なっちゃってるの（笑）。僕のも……ケンとメリーのメリの二文字が「刈」に見えるね（笑）。当時は、日本の字って、詰めないとデザイン的じゃないと思ってたのかもしれないね。

●『イメージの翼』

僕はね、若いときにやった仕事を若い人たちに見せたいという、変な癖があるの。しつこいんだね。見せないともったいないと思ってさ、これも細谷経済かもね（笑）。七四年に出版した作品集『イメージの翼』（中央公論社刊）は、若いデザイナーに見てもらうために作った本なんです。僕が今までやってきた仕事をきちんと解説してみようと思ってね。秋山さんが編集してくれて、いろいろなかたに原稿依頼をしてくれたの。すごい編集力ですよ。タイトルも秋山さん。カバー写真は、稲越功一さんなんです。インドのプリーというところで撮ったんだって。僕はちょっとひねくれていて、デザインデザインした表紙は嫌なの。中味がバレないほうがいいんですよ。デザイナーの名刺を見ると、どの程度のデザイナーかわかっちゃうじゃない。あれと同じ（笑）。それに、立派なデザイン本って、積ん読になるでしょ。年鑑とか本棚に入れちゃうじゃない。でも僕は、内容をきちんと解説してあって何度も紐解けるのが作品集の役割だと思ったんです。だから雑誌風で軽い感じに作りたかったの。ちょっと文章を

作品集『イメージの翼』（中央公論社刊）一九七四年

書いて秋山さんに見せたら「あ、いいねー」って言ってくれたんで、作品ごとに解説を書いたんですよ。

当時としては画期的だったんじゃないのかな。朝日新聞の書評に取り上げられたり、すごく評判がよかったんですよ。学生のために安くなればと思って、三〇〇〇円ぐらいで出してくださいと言ったんだけど、ダメでね。高いんだよー。五八〇〇円。でも、今は古本屋さんでもなかなかなくて、プレミアがついて一万円以上するらしいよ。

●四二歳・厄年・社長就任

僕の人生の大事件といったら、やっぱりライトの社長になったことだよね。四二歳の時ですよ。僕は村越さんとは一〇歳、向さんとは一回り違うから、当然、二人のどちらかだろうと思ってましたよ。そしたらある日、「村越さんでも、向さんでもいいんだけど、ライトの先のことを考えたら、君がいいよ」って、信田さんから言われたの。青天の霹靂ですよ。「いやー、またー、何言ってるんですか。無理ですよ」って。僕としては、トンデモナイって話でしょ。それで秋山さんと鳥居さんに相談したの。そしたら秋山さんが「いいんじゃないの～。おぉ、そりゃよかった」とか言うんだよ。それじゃあ、一筆書いてくれと。一緒にやってくれるなら引き受ける。大変な仕事だし、先輩もいるし、一人じゃできないと。で、すぐに二人が書いてくれたの。それでまぁ、引き受けて、今日に至ってるというわけなんです。

今思うと村越さんに申し訳ないんだけどさ。僕は信田さんから二カ月前に聞いているわけでしょ。だけど話せないから、「いやー、きっと村越さんですよ」なんて前日の夜まで一緒に飲んでたの。で、いよいよ役員会議。銀座凮月堂の二階で昼食しながらだったんだけど、出されたサーロインステーキが食べられないんですよー。ナイフとフォークがカチカチ鳴っちゃって（笑）。信田さんが「細谷君に次期社長をやってもらう」とか言ってさ、こっちはもう、アル・パチーノのマイケル・コルレオーネの気分だったね。僕が社長になるなんて、業界の人も信じられなかったんじゃない。亀倉先生にも「えー、ガンちゃんかよ。大丈夫かよお前！」って、パーティーの席で大声で言われたもん。銀行が挨拶に来て、書類の名前を全部変えて……。あれ見て驚いた。もう、逃げられないって（笑）。

ところが、それからが大変だったんです。僕が社長になったんだから、先輩たちは辞めたくなるじゃない。退職金！　当時、ライトは営業成績があまり良くなかったんですよ。でも、たまたまその年は仕事がすごく増えたの。キヤノン、キユーピー、パイオニアはコンペで勝って、年の半分以上が海外ロケ。忙しくなって、気持ちも紛れたよね。社長ったって、相変わらずデザイナーでしょ。ロケ行って写真選び、引き伸ばし、写植を貼って、何から何までやって。それで、退職金がなんとか払えたの（笑）。この年にやったキヤノン、キユーピー、パイオニアの広告で七八年のＡＤＣ会員最高賞。僕が社長で秋山さんが副社長。ここから、再び新しいライトの時代が始まったんです。

●静から動の時代へ

キヤノン、キユーピー、パイオニアは、三社ともメインの仕事が雑誌広告なんです。七〇年代後半は、『ポパイ』、『ブルータス』など雑誌の創刊ラッシュだったでしょ。それまでは新聞広告やポスターが中心だったけど、広告費のこともあって七五年ぐらいを境に雑誌広告が増えるんです。雑誌は一週間とか、一カ月は手元にある。それを一年続けることによって、効果を広げていくというかね。シリーズが組めるし、物語性もできる。キユーピーの「マヨネーズの島へ」なんかいい例だよね。コピーの最後は「次号につづく」となってるの。ポスターに比べたらすごい浸透度ですよ。

デザイナーはみんなポスターが好きですね。でも僕は、ポスターってあまり好きじゃないの。なんか空しさを感じるじゃない。だって、掲示は一週間だよ。それでいて、掲出料がすごく高いの。僕は、この当時から雑誌派。もちろん新聞広告はやりたいけど、掲載料が高いんですよ。雑誌は安いの。だからクライアントも、雑誌だったらということでね、この時期から増えてきたの。雑誌はスペース的にも作りやすいけど、ポスターって間が空いちゃうんですよね。

●広告はだましの美学

ようするに広告って、社会性があるんですよ。広告＝社会。この時期から、印刷広告もCFとジョイントするようになったでしょ。戦略とスピード感が必要になってきたわけ。そこに、戦略的な秋山さんの、言い切っちゃうコピーがぴったりハマったんですよ。もう、この時期から秋山ワールド。秋山さんの企画でみんなOKになって、評判が良くなるとモノが売れるじゃない。売れると来年もということになって予算も出る。ま、この広告で本当にモノが売れたかどうか知らないけどさ（笑）。ただ、不思議なことに、パイオニアのロンサムカーボーイのカーステレオは高いものから売れたんです。そうそう、当時はいい広告を作っている会社に入社したいと思う学生が多く集まったんだって。それまでは単純に大きな会社がよかったのに、ソニーやサントリーになった。素敵な広告を作っている会社はイメージがよく見えるんですね。直接の商品広告でなくても、雑誌広告のシリーズならイメージが作れる。継続は力なりの典型だよね。そうすると、そこの会社はいい会社ではないかという、罠にはまってくる（笑）。広告とは、だましの美学。どうせなら美しくだましたいじゃない。この時期が僕のピークじゃない。作品のレベルアップもさることながら、退職金を払うために稼がなきゃいけないという、別のエネルギーもあったから。

●「マヨネーズの島へ」、物語を探しに

キユーピーのデザインは浅葉さんがやってたんだけど、ライトを辞めちゃったでしょ。それで僕が、バトンタッチしたの。浅葉さんの仕事がさ、結構よかったんですよ。それを超えなきゃって、大プレッシャー。最初の作品は、組みなんかも浅葉さんのやってたままなんです。キユーピーの場合は企業広告として培ってきたものがあるから、制作者が変わったからといって広告をガラリと変えるわけにいかない。しかし、そっくりじゃねー。かといって、へたに変えて売れなくなったら悲劇だよ（笑）。

マヨネーズの語源はマオネッサ。メノルカ島の小さな町（マオン）の名前なんだよね。それがフランスに渡ってマヨネーズになったらしいの。秋山さんとマヨネーズのルーツを取材してシリーズ広告にしようということになって、メノルカ島まで行ったんです。一〇日間の滞在で一年分の広告を作ったんだよ。島の市場を歩いていたら、ルネ・クレマンの映画『太陽がいっぱい』で、アラン・ドロンが魚を見ながら歩くシーンを思い出してね。フランス映画の名カメラマン、アンリ・ドガエのカメラワークの素晴らしさを思いながら撮影したんです。写真は吉田忠雄さん。[*] 文字は、大好きなM-OKL。レイアウトもできるだけシンプルにして、それで、細谷風デザインというのができてきたんだと思います。マヨネーズのルーツを探しに行って、アメリカンマガジンという自分のデザインルーツに戻ってきたの。

*吉田忠雄（一九三三〜）写真家。中央大学卒業後、ライトパブリシティ写真部入社。ブリヂストン、ヤマハ、パイオニア、キヤノン、キユーピーなどの広告写真を担当。一九七九年同社を退社し、フリーに。八〇年以降、向秀男と組んで十年以上にわたり紀文の広告写真を手がける。

●ドキュメンタリーの始まり「ロンサムカーボーイ」

秋山さんのコピーは、パイオニアの「ランナウェイ」も「ロンサムカーボーイ」もロードムービー的なんですよ。小説家の片岡義男さんと詩人のアレン・ギンズバーグに感動して、この世界を作ったらしいよ。ランナウェイは、少年がポータブルステレオを手に旅立つイメージ。「君が街を出たら、ハイスクールで教えないことを教えて

あげよう」。ロンサムは「120マイル走ると、エンジンの音だけでは寂しすぎる」……。ロンサムはね、片岡さんの許可をとって、彼の小説にある『ロンサムカウボーイ』を「ロンサムカーボーイ」にしたんですよね。で、CFのナレーションも片岡さんに頼んでるの。秋山さん曰く、映像って残らなくて、やっぱり音楽がいちばん記憶に残るんだって。じゃあ、ビジュアルはどうするか……。気持ちに訴求するもの、心理的表現を強く意識し始めたのは、この頃からだと思うよ。荒野や国境をイメージさせる人物として、サム・ペキンパーの映画『ガルシアの首』や、ジョン・ミリアスの『デリンジャー』に出演したウォーレン・オーツを起用したんです。温厚な素晴らしい人で、会った瞬間に「いい仕事ができる」と思ったね。アートディレクターとしては、映画監督としての演出力みたいなところを大事にしてるんです。ただ漠然とではなくて、ドキュメンタリータッチで。このときも、砂漠の中で、ペキンパーになったつもりで演出してた（笑）。

二年目に、ロールス・ロイス社がパイオニアのカーステレオを純正部品としてすべての車に搭載するという契約ができて、ロールス・ロイスをパリから運んでチュニジアの砂漠まで撮影に行ったの。信じられないでしょうけど、そのとき、砂漠に三〇年ぶりに雪が降ったんです！　困り果ててロケ車の中で待機していたら、滴に濡れたロールス・ロイスが目に留まったんですよ。ちょっと泣いてるような、ロンサムな感じがしたので、カメラマンの目羅勝*さんに「撮っておこうよ」と言ったんです。それがポスターになったの。現場では何が起こるかわからない。ダメなときでも諦めないことだよね。「もしや！」に遭遇したときこそ、想像を超えた新しいものができるんじゃないかな。

＊目羅勝（一九四八〜）
写真家。青山学院大学卒業後、ライトパブリシテイ写真部入社。キヤノン、パイオニア、サントリー、大塚食品などの広告写真を担当。八三年同社を退社し、フリーに。米国を題材にした作品を数多く発表している。

パイオニア　1978年

キヤノン　1978年

マヨネーズの島で、一世紀は何時間なのだろうと、ふと思った。

キユーピー　1978年

パイオニア　1980年

スケッチ

日産「スカイライン」ケンとメリー
ロゴマーク　1971年

●「…ing」現場のハラハラ感が広告を強くする

キヤノンで一眼レフにモータードライブがセットされた新型カメラ、「連写一眼」が七七年に発売されて、「…ing　出来事には次がある。」というシリーズをやったんです。連写といっても四コマなんだけど、当時にしては画期的でね、ムービーの撮影に近いということをイメージさせたかったの。これも、サム・ペキンパーの世界なんだよね。飛行機から車に飛び移るとか、窓ガラスを割って飛び出るとか、危険な撮影ばかりだったんで、ハリウッドの有名なスタントマン、ジョー・フッカーさんにお願いしたの。そしたら保険料がすごかったんですよ。それで結局、撮影はリハーサルを含めて二回だけ。つまり、本番は一回なのよ。カメラマンはもちろん、アシスタントも秋山さんも僕も、コーディネーターも、全員がカメラを持たされ、シャッターを押したんです。東京オリンピックのスタートダッシュのポスターみたいに（笑）。だからこの写真は、誰が撮ったかわからないんです。そういう緊張感が写真に出てる。ハラハラ感がこの広告の強さになったよね。まさに、現場主義の広告。

八〇年代〜九〇年代

●「中国野菜」そして「都市とマヨネーズ」

キユーピーの広告は、八〇年から中国の珍しい野菜をシリーズ広告にしたんです。本当は畑の土の上で撮影をしようと思っていたんだけど、なんか違うの。中国って、当時は、いたるところに壁新聞があって、それが色紙なんだよ。それを見てハタと思いついて、百貨店にバケツなんかを買いに行ったら、文具売り場に中国で祭事に使う色紙が並んでいたんですよ！　色鮮やかなあの紙がなかったら、全然違う広告になってたよね。思いついた理由は、聞かれても答えられないよ。引き寄せる力というか、何かあるんでしょうね。これも、現場主義（笑）。野菜でいちばん驚いたのは、一見、普通のカブみたいだけど、包丁を入れるとナルトみたいに模様があるヤツ。一〇個ぐらい畑から引っこ抜いて、水で洗ってポンと切って、真上から4×5で撮るの。僕が野菜の向きを変えたりしてね。それは、もう僕しかいないんだから。秋山さんはロケバスの中で「できた〜」「まだ〜」「遅いね〜」とか言って本読んでるんだよ。秋山さんはロケ現場に行ったほうが臨場感のあるコピーが書けるんだって。当時、コピーライターが現場に来るなんてありえなかったんですよ。秋山さんがはじめてぐらいなんじゃない。コピーもいいでしょ。

それから、数年たって「都市とマヨネーズ」のシリーズが始まるんです。ニューヨークの高層ビルを都市生活のストレスの象徴にして、その前に野菜を置いて撮影したんだけど、これね、モンタージュじゃないかと言う人がいるんだよ。はめ込んだのかって？　違うって、「一発だ」って言うの！　何度言ってもわかんないんだ。高層ビルだから、エレベーターで上がったり降りたり、ロケハンが大変なの。まず、木箱に野菜を入れてエレベーターで運んで、屋上の寒くて風のすごい中で両面テープで布を止めて、野菜を置いて、ね。あとでバリエーション組むときに必要だから、野菜を二、三点置き換えるんですよ。クライスラービルがバックにあるやつなんか、もうちょっと近づきたかったんだけどダメなの。これ以上行けないの。「ま、いいや！」ってパンパン撮って。早いよー（笑）。これもね、ラフスケッチはピーカンのイメージだったんです。でも高層ビルだから雲が降りてきちゃって、〝煙る〟っていうの、ちょっとドラマチックな写真になったの。ロンサムのロールス・ロイスの滴と同じでね。結果的には良かったんです。それもまた、……答えられない。偶然の効果っていうのかな。

すごくいい写真だったんで、キユーピーさんにお願いしてB倍のポスターを三点作らせてもらったの。これがキユーピーで唯一作ったB倍判ポスター。業界でもすごく評判が良くて、ADC会員最高賞。

●広告はガマン力

キユーピーの「都市とマヨネーズ」のシリーズをやっていた八四年頃に、サイトウマコト*さんや大貫卓也*さんが出てきた。キラキラした才能を感じましたね。そういうときは、また羊飼いになって、じっと通り過ぎるのを待ってるの（笑）。井上嗣也*さんなんて、カッコ良かったね。サイトウマコトさんの「骨」は、亀倉先生の「原子エネルギーを平和産業に！」のポスターに匹敵するほどすごかった。

でもね、うまく言えないけど、素敵なものを作っているのに、持続性がない人が多いんですよ。質の持続というのは、やらないといけないと思うよ。アーティスト志向の人は、みんな辞めちゃいますね。広告はツライ仕事なんですよ。広告の仕事は七〜八割がガマン力。クライアントからの注文、クレームとか面倒くさいことを我慢せざるを得ないじゃん。広告はガマン力というのは、声を大にして言いたい。特に、ADってすごい責任だよ。スケッチ描いて、写真撮って、それでモノが売れるか、責任を問われるわけじゃない。最初から最後まで仕事をしてるし、いちばん面倒くさい。そんな中で、佐藤可士和*さんみたいに「デザインが広告だ！」と、ポンとね、戦略的にやったり。大貫さんのもそうだけど、平気ですごいことをする人もいるんだよ。ま、僕にはできないからね（笑）。

＊サイトウマコト（一九五二〜）
アートディレクター。日本デザインセンターを経て、サイトウ・マコト・デザイン室を設立。一九八〇年代にモンタージュ写真を使ったアルファ・キュービック、Junや骨をモチーフにした仏壇店はせがわの広告で衝撃的デビュー。グラフィックデザイン、アートディレクション、映像監督、プロダクトデザインなど数多くの分野を手掛ける。

＊大貫卓也（一九五八〜）
アートディレクター。東京生まれ。多摩美術大学グラフィックデザイン科卒業後、博報堂入社。一九九三年大貫デザイン設立。日清カップヌードル「hungry?」、「ペプシマン」などで、グラフィックと映像の両方で活躍。

＊井上嗣也（一九四七〜）
アートディレクター。宮崎県生まれ。一九七八年ビーンズ設立。パルコ、サントリー、コム・デ・ギャルソンの広告を手掛ける。YMOの作品をはじめとするレコードジャケットや、ポスター書籍、写真集など幅広い分野で活躍する。

＊佐藤可士和（一九六五〜）
アートディレクター。多摩美術大学卒業。博報堂を経て、サムライ設立。スマップ、ホンダステップワゴン、キリンチビレモン、キリン極生・生黒、TBCなどの広告を手掛ける。現在、商品開発、店舗、建築、広告キャンペーンなど幅広い分野で活躍中。

●恐怖のワンパターン

僕のレイアウトは「間の美しさ」を重視しているんです。間っていうのは、日本人特有の意識だと思うの。空気感というかね。エレメントを動かして、いじっているうちにパッと決まるわけでしょ。持って生まれた本能みたいなものだよね。自分の「間」を意識したのは、キユーピーの仕事だと思うね。これが僕の、いい形。明快でしょ。必要最小限のことしか興味がないから。

レイアウトをするときはロゴタイプから始めるんですよ。僕の場合は、だいたい右下にロゴタイプがあるじゃない。それからキャッチフレーズを上の方に置いて、ボディーコピーは左下と、位置が決まっちゃってるんだよね。写植はMM-OKLだしさ。もう、恐怖のワンパターン(笑)。あと、あえて言えば、「品」ですよね。ビジュアルコミュニケーションの中ですごく大事だと思ってるの。絵の場合、画品があるとか、ないとか言いますね。デザインもデ品が重要なんです。コピーはコ品ですかね(笑)。

ところがさ、ある時、手紙が来たんだよ。「細谷さんがこういうレイアウトをしているから、真似をしていると思われて迷惑だ」って。酒場でも何人もに言われましたよ。でもね、それは違う、と! これは、DDBのワーゲンと同じレイアウトなんですよ。アメリカンマガジンの広告がお手本。今でもそうでしょ。「誰だってできるんだから、そっくり真似していいんじゃないの」って言ったのよ。でも、ダメなの。これが〝細谷式〟みたいになっちゃってるのかな。僕だって本当は変えたいんだよね。でも、変えられないんだから。本人は、もうとっくに、最初から飽きてるからさ! 仕事だから、しかたなしにやってるわけでしょ(笑)。葛西薫*さんみたいなレイアウトができればいいけど、僕はあそこまで優しくできないの。

もう、自分にできることだけを夢中でやる。それがベター。皆さん、何でもかんで

＊葛西薫(一九四九〜)アートディレクター。北海道生まれ。一九七三年サン・アド入社。サントリーウーロン茶、ユナイテッドアローズなどのCM、グラフィック広告を制作。映画、演劇などの宣伝美術、装幀デザインなども多数手がける。

もやれるのが素敵だとか言うけどさ、僕は素敵じゃなくてもいいから、自分ができることをやっていく。ダメに見られてもどーでもいいの。自分なりの割り切り方っていうのがあるんじゃない。皆さま、我慢してください、だよな（笑）。

●ロゴマークのこと

ロゴはね、いつも僕がラフスケッチを書くんです。「ランナウェイ」「カロリーメイト」「ライオンズ」……イタリックで、みんなどこか似てるでしょ。アメリカで昔のベースボールのユニフォームに使われていた書体でね、ブラッシュタイプとかいうんですよ。ハーブ・ルバリンの影響もあって、こういう字が好きなんです。「…ing」もそうだけど、「ランナウェイ」もロゴがキャッチフレーズみたいにインパクトがあるでしょ。ここまで大きくするなら、完成度が問われるわけ。スカイラインなんかもクライアントがロゴを大きくしてくれというから、全部ロゴを直してきたんです。「大きくしたいなら直させてくれ」って言ってね。

ロゴマークって、字の美しさとか、レタリングのデザインワークがちゃんとしていれば、大きくしても困らないと思うんです。僕の場合、プレゼンのＯＫは自分のスケッチで取って、それから深野さんに仕上げをお願いしてきたの。深野さんに言わせるとね、文字には文法があるんだって。主語や動詞があって、やってはいけないことがあって、全部理由があると。それを聞いて、僕もますます、しつこくラフを描くようになったんだけど、それでも深野さんに仕上げてもらうと違うんですよ。今はもう、深野さんがいないから、「Ｍａｃにあるゴシックでいいやー」なんてね（笑）。

●ジャック・ダニエル

ジャック・ダニエルのシリーズは、秋山さんが、撮影を藤井保*さんにお願いしたん

＊藤井保（一九四九〜）
写真家。東京綜合写真専門学校卒業後、大阪宣伝研究所を経て、藤井保写真事務所設立。ＪＲ東日本、ＪＲ九州、サントリー、マグライト、無印良品など多数の広告写真・ＣＦを手掛ける。写真集に『ＥＳＵＭＩ』『ニライカナイ』などがある。

キユーピー　1983年

サントリー「ジャック・ダニエル」　1988年

キユーピー　1980年

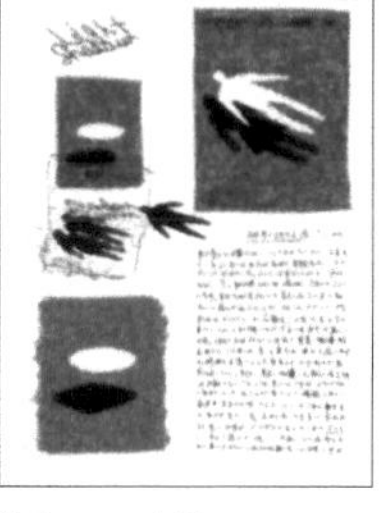

『ブレーン』誌
細谷の独り言　2003年

CalorieMate　Runaway

ロゴマーク「カロリーメイト」「ランナウェイ」「ライオンズ」

です。ライト以外のカメラマンと会社の仕事をするのは、この時が初めてだったんですよ。僕がいると、あれこれ言って邪魔になると思ったからロケには一緒に行かなかったの。藤井さんにスケッチだけ渡して、ジャック・ダニエルの蒸溜所があるテネシー州リンチバーグで撮影したんです。本当に、何にもないらしいよ。でも、現場に行ったら千葉みたいだった、なんて言ってたけどね。でも、写真がスケッチ通りでさ。僕は、「あくまでこれはスケッチだから」って言ったんですけどね……（笑）。

これはね、一〇〇年以上ずっと変わらないってことをコンセプトにしてるの。ヘッドラインは、MM-OKLをコピー機で少しだけにじませて、ウイスキーの味わいを出したいと思ったんです。ボトルの位置はちょっと変えて中央に……今見たら、変だね（笑）。このボトルはね、イラストを描き起こしたの。スクラッチボードっていうエッチング風に。上が写真だから、ちょっとすっ飛ばして。僕はさ、恐怖のワンパターンなんだけど、多少の努力はするんですよ。小さな努力。ようするに僕は、最初の頃から何もできないデザイナーだと言ってるじゃない（笑）。この仕事で、八八年にADC最高賞。うれしかったですよ。

●『イメージの翼2』

『イメージの翼2』（旺文社刊）を作ったのは八八年だよね。その頃ライトは銀座の本州ビルですね。でも、引っ越しするたびに作品が無くなるんですよ。二川さんからGAギャラリーで展覧会をやってみないかという誘いがあって、いいチャンスだから展覧会と一緒にもう一回本にまとめようということになったの。いやー、大変でした。全部一人でやるんだからさ。大変すぎて、精神性疲労のために舌がしびれちゃったの。最初の本よりさらに完成度を高めようと、毎週土日に出社して、印刷用の台紙に四面つけで、文字を一字一字貼って……。もう、誰も寄り付かない感じだったね（笑）。

この本ではね、ポール・ランドとジョージ・ロイスに本の色校正を見てもらって、インタビューを入れようということになったんです。でも、ジョージ・ロイスさんからは「私は今、広告の仕事から離れて不動産業をやっている」と丁重な手紙をいただいたんで、ポール・ランドさんだけになったの。ところがさ、インタビューが終わってから旺文社の担当者が飛んできて「細谷さん、ヤバイ、ヤバイ、けなしてますよー」って言うの。僕はすぐにわかったね。だって、一人の男の作品なのに全部タッチが違うわけでしょ。しかもゲラ刷りだしさ、ランドさんが見てもよくわからないんだよ。秋山さんと話して「かえって面白いじゃん。載せようよ」って。亀倉さんは「何で俺に書かせないんだ！」なんて言ってたけど、その頃は、ポール・ランドの仕事が本当に好きになってたんですよね。

本が完成してランドさんに送ったら、手紙が来たんです。素晴らしい作品集だって誉めてくれました。『イメージの翼3』をそろそろ出さなきゃいけないと言われてるんだけど、もう勘弁してもらって、お迎えを待ちたい気分です、今は。今回の、このインタビューの冊子でいいんじゃないの。

作品集『イメージの翼2』(旺文社刊)
一九八八年

再び現在

●ＡＤＣ会長就任

田中一光さんの後を引き継いで、二〇〇一年になったのかな。一期三年で、今二期目？　あと何年あるの？　これはね、会員の投票なんです。当然ですが断ったんですよ。そしたら、ＡＤＣの会長なんて飾りでいいんだって言うからさ。ホント！　って、何十回も確認したもん。話すの苦手なんですよ。いざという時に人がバーッと並ぶと緊張しちゃうんだよ。長い話をするのも嫌なの。だからさ、ときどき原稿を用意していくのに、飛ばしちゃうの。「ここからがいい話なのに」とか言われても、止めちゃうの。話すのが面倒くさくなっちゃうんだよね。まぁ、中島祥文さん*という素敵な事務局長がいるからできるんですよ。こういうの受けちゃうと、付き合いが増えるじゃない。酒の量も増えるし、みんなで行くと、ついつい「俺、全部出すよー」とか言っちゃうから、お金も出ていくし、困るんだよね（笑）。

●ライトという組織

今、ライトは秋山さんが会長で、僕が社長で、鳥居さんが副社長でマネジメントの責任者です。DDBとか、PKL*とか、昔のアメリカの広告代理店でも三人が経営トップって多いよね。プロデューサーの鳥居さんがいるから、安心して仕事ができることを感じていますよ。

今はプロデューサーシステムにしてるの。仕事は代理店がメインだから、クライアントから直で、「制作はライトさんへ」というケースは少なくなってきたでしょ。社員は八〇名位。僕が入社したときが七〜八人。OBもすごい人数ですよ。今年で、先代の社長の信田さんより、僕は一年長く社長をやっていることになるんです。驚くね（笑）。信田さんの時代は、ライトから次々にスターが誕生したでしょ。でも、僕の代はスターが出てないの。服部一成君*がスターだと思ったら、すぐ辞めちゃって……。社長にしようと思って何回も口説いたんだけど、一人でやりたいと言ってね。育っちゃうと辞めるんだよ。スターという問題は難しいですね。でも、そんなこと関係なく、スタッフ一同、それなりに頑張ってますからうれしいですよ。

＊中島祥文（一九四四〜）
アートディレクター。多摩美術大学卒業。スタンダード通信社、J・W・トンプソン等を経て、ウエーブクリエーション設立。ウールマーク「触ってごらん、ウールだよ。」をはじめ、サントリー、トヨタ、ヴァージンアトランティック航空、AIRDO！などの広告を手掛ける。

＊PKL（Paper Kong Lois）
一九六〇年DDBにいたジョージ・ロイスをはじめ、コーン、ペイパーの3人のアートディレクターによってニューヨークで結成された広告代理店。ディリー・ビーンズやゼロックス、ナショナル・エアラインの広告キャンペーンで注目された。

＊服部一成（一九六四〜）
アートディレクター。東京芸術大学卒業。ライトパブリシテイを経て、有限会社服部一成設立。キユーピーハーフ、キリン淡麗グリーンラベル、JR東日本「TRAING」などの広告や、雑誌『流行通信』のアートディレクションなどを手掛ける。

●信頼と打算

僕にとっては、いちばん頼りにしている人が秋山晶さんです。コピーを書くのが速いから遊ぶ時間ができるの（笑）。ビジュアルも自分のイメージを持っているし、戦略的だし、すごくやりやすいんですよ。ようするにね、僕はいちばん身近な人を信頼するの。でも、お互いを信頼するっていうのは恐ろしいんですよ。自分自身が相当に力を発揮しないとダメでしょ。よく、「信頼と打算」って言うんだけどね。信頼してるんだけど、計算を絶えずしていないといけない。それが五〇％、五〇％ぐらいがいいんです。結婚式でスピーチを頼まれたら、必ずそういう話をするの。結婚したらオナラしたとか（笑）、それでイヤになり別れ話が出たり、いろいろあるでしょ。だからさ、最初から半分ぐらいの信頼がいいの。「僕の体験だと、打算というのは言葉としてはおかしいけど、ま、計算ですかねー」とか言ってね。仕事でも同じですよ。

僕は秋山さんと仕事するようになって、より頑張りだしたと思うの。あの人と付き合えるかどうか、認めてくれているのか、誉められるものをパッと作れるかどうか……。細谷巖としては、彼とつきあいたいがためにボケられないんですよ。早くボケ老人になりたいのにさ。本当に（笑）。

●『ブレーン』

この雑誌、昔からあったよね。以前はマーケティングよりのものだったけど、『ブレーン』の名前を宣伝会議社が買って、それからデザイン、コピー、CMの本になったんです。表紙の話が来たときね、これは業界のことを把握するのにいいチャンスだと思ったの。それで、九九年からやっているんです。中ページもやってくださいということになって、割り付け用紙まで作ったんです。Ｍａｃでやるんですけど、印刷所が持っている書体がバラバラなの。最初は大変でしたよ。もっと大変なのが、原稿。

編集部から原稿が来ないの。もう、向さんの幽霊みたい（笑）。表紙と中扉の原稿は第一週に来るの。二週目、三週目と空けてあるのに、こないのよー。「なんでそうなの！」って怒ったよ。そしたら、編集部はたった二人でやってて、向こうも大変でさ、雑誌はみんなそうなんだって。精神衛生上よくないですよ。でも、もう六年目に突入しちゃったんだよね。ただ、デザイン料が安いんだなー。それも書いといて（笑）。

雑誌の表紙って、だいたい同じパターンにするでしょ。でも僕は、ジョージ・ロイスの『エスクァイア』みたいにやりたかったんです。カシアス・クレイに矢が刺さってるとか、ウォーホルがキャンベルの缶の中に入っているとか。そしたらやっぱり、日本の場合は肖像権とお金、時間、コストがかかりすぎて、できないの。本当はもの足りないんだけど、それ相応のことしかできないからね。今は、表紙は一枚の広告を作るつもりでやってるんです。

『ブレーン』の表紙は、いわゆる絵解きではないんです。あたかもキャッチフレーズがあってデザインをつけたみたいでしょ。でも、これはデザインが先なの。今までの広告作りと逆のパターン。編集部から毎月のテーマがきたら、ビジュアル案を秋山さんに渡してコピーを書いてもらう。コミュニケーションをテーマにしたデザインだったら、秋山さんがいれば何でもできるね。で、「細谷の独り言」はいちばん最後にゆっくり書いてるの。意外でしょ。このページは、若い人たちに昔の表現を知らしめるというのが目的かな。広告の仕事って、若さとか感受性が必要でしょ。やっぱり、歳をとると無くなると思うんだよ。素直にね。でも、やるなら一生懸命にやる。蘇る金狼みたいにさ。

●小さな幸せ

「細谷の独り言」は二〇〇三年の一月からやっているんです。こんなこと書いても誰も読んでないんじゃないかと言ったら、「そんなことありません。読んでます。非常に評判がよろしいですよ」って編集部が言うの。少し前だけど、二〇〇三年一月号の「GOOD BAD」のときも、サイトウマコトさんから電話かかってきて「ガンちゃん、いいねー」って。うれしいよね。和田誠さんも、実は全部買って読んでるんだって。僕の好きな人たちが読んでくれているのは小さな幸せ。締め切りに追われているのもボケ防止にはいいんじゃないの。「ライトのスタッフは大変な思いをして稼いでいるのに、安い仕事で悪いね」と鳥居さんに言ったらさ、「評判がいいですから、ぜひ続けてください」って言ってくれたの。

●細谷の独り言……広告は必然である

「細谷の独り言」は、若い人たちに昔の表現を知らしめるというのが目的と言ったでしょ。そのことを少しだけ。あのね、よく「アイデアはどうやって？」って質問されるけど、アイデアって必然なんですよ。答えはモノの中にあって、僕はそれを整理整頓していくだけなんです。アイデア、アイデア、アイデアしているものは、つまらないですね。いろいろな表現は、先達がすでにやっているし、過去にすべてあると思うな。それだけ、アイデアというのは難しいものなんだよね。写真なんて特にそうでしょ。デザインというのは技法ではない。テクニックでもない。コミュニケートするための目的があるだけですね。表現って、オーバーに言うと感動を与えるものというか……。そういうときに、アイデアでやるとしらじらしいんですよ。意図がばれたら、もう付き合いたくないね。だから、僕の場合は心理的表現が多いんじゃないかな。

僕はバウハウスも、デザイン論も学んだわけじゃない。デザイン論を学んだら、ここまで来れなかったんじゃないかな。無知ほど強いものはない！　そんなことないか（笑）。すべては知恵だと思うんだけどね。小さな知恵の積み重ね。「Think Small」。

追記　ふりかえると……。

若いときにつくった作品を改めて見つめると、生きるためとはいえ、仕事に対して、われながら驚くほど誠実に対処してきたのだなと思いました。そして、すべてのことがらに対して感受性や行動力が、自分で言うのはおかしいけど、とてもみずみずしかったような気がします。

当りまえにしても、若いということは、とても重要なことですね。

今の私も、若さを出して、もう少しパワーアップをしなければダメだと思っています。

いろいろと、ご協力いただいた方々、「ありがとうございました」。

表現のこともありますが、なんだかとても難しい時代になってきたと思います。これからも、よろしくお願いします。

細谷　巖

細谷巖 年表

年	年齢	社会の出来事	デザイン・イラストレーション界の出来事	細谷巖の活動歴
1935	0	• 第1回芥川賞を石川達三、直木賞を川口松太郎が受賞	• 里見宗次らの日本商業美術展、初めてパリで開催	• 9月2日、神奈川県相模原市古淵に生まれる。父 光治、母 喜久子。11人家族、8人兄弟の4番目の三男。
1936	1	• 2・2・6事件	• 『LIFE』創刊（アメリカ）	
1937	2	• 日中戦争勃発		
1938	3	• 国家総動員法発令	• 全国有力新聞、全ページ広告を廃止	
1939	4	• 第2次世界大戦勃発	• 日本工房が国際報道工芸に改組 • 対外宣伝用英文グラフ誌『MANCHOUKUO』『CANTON』等創刊	• 実家は農業と小売業をしていたため、貧しくはないが忙しい家だった。勉学に励むより、働くことが大切という家庭だった
1940	5	• 大政翼賛会が結成される • 日独伊三国同盟成立	• 日本産業美術協会主催の「国策宣伝図案献納運動」開催。懸賞募集が行われる	
1941	6	• 日本軍が真珠湾を攻撃、太平洋戦争勃発	• 雑誌統制開始（既存の美術雑誌を全廃。8誌を創刊）	
1942	7	• ミッドウェー海戦で日本海軍惨敗	• 東方社設立。対外グラフ誌『FRONT』創刊	• 大野小学校入学。内気でシャイな子供だった
1943	8	• ガダルカナル島敗退。学徒出陣	• 美術団体続々と解散、一般公募美術展中止	• 昼間艦載機が飛んでくるのを見て、「かっこいい」と思っていた
1944	9	• 米軍、サイパン上陸	• 『グラフィス』創刊（スイス）	• 空襲が激しくなり、防空頭巾をかぶって防空壕に寝泊まりする日が続いた
1945	10	• 広島、長崎に原爆投下。日本、無条件降伏	• 国際報道工芸解散。『NIPPON』廃刊	
1946	11	• 日本国憲法公布	• 名取洋之助が『サン写真新聞』を創刊	
1947	12	• 6・3・3制新教育の実施	• 日本広告会設立	
1948	13	• 帝銀事件起こる	• 『美術手帖』（美術出版社）創刊	• 大野北中学校入学。中学校まで徒歩で四、五〇分かかった。放課後はすぐ家に帰って家の農業の手伝いをしていた
1949	14	• 湯川秀樹、ノーベル物理学賞受賞	• 東京芸術大学発足。東京美術学校と東京音楽学校を統合	• 図画の時間に描いた「茅葺き屋根」の水彩画が、神社に奉納された
1950	15	• 朝鮮戦争起こる	• 東京ADCの母体「Aグループ」結成される	
1951	16	• サンフランシスコ講和条約、日米安保条約調印 ＊パチンコ大流行	• 日本宣伝美術会（日宣美）創立 • ライトパブリシティ設立 • レイモンド・ローウィ「ピース」デザイン	• 県立神奈川工業高校工芸図案科入学（第4期生） • 画集に載っていた「玉虫の厨子」を模写し、先生に誉められ、油絵が好きになる
1952	17	• 日航機三原山に墜落	• 東京アドアートディレクターズクラブ（現・	• 高校に入ると堰を切ったように映画を見始めた。原町田に

1953	18	＊『君の名は』 ♪「テネシーワルツ」 ・NHK、NTVがテレビ本放送開始 ＊銀座に街路灯復活 ♪「雪の降る街を」	・東京ADC）結成 ・国際グラフィックデザイン連盟（AGI）結成 ・第3回日宣美展（日本橋・三越）。一般公募開始 ・『アイデア』（誠文堂新光社）創刊	あった四館の映画館に入り浸っていた ・学校の卒業制作で、ピカソの「泣く女」を模写し、先生に誉められる ・何週間も煮て取り出した牛の頭蓋骨をモチーフに、80号の大作を描くが、異臭のため家族には迷惑をかける
1954	19	・ビキニ水爆被災事件 ＊マリリン・モンロー来日／力道山らプロレス人気／『エデンの東』	・朝日広告賞第1回展（日本橋・三越） ・東京アドアートディレクターズクラブ第1回展 ・プッシュピン・スタジオ設立（アメリカ） ・グロピウスとバウハウス展（東京国立近代美術館）	・高校卒業。佐藤先生の紹介で、株式会社ライトパブリシティ美術部入社 ・毎日8時30分に出勤し、ポスターカラー用の菊皿洗い、雑巾がけ、鉛筆削りなど見習い時代を過ごす。初任給は八千円 ・日宣美に応募するも落選。ライトでは応募するのが当たり前だった。入選すると給料があがった ・会社で購入していたアメリカの雑誌からデザインを学ぶ。仕事が終わった後や日曜に会社に行って必死に眺めた。気に入ったページは切り、スケッチブックにストックしていた
1955	20	・第1回原水爆禁止世界大会 ・トランジスターラジオ、電気釜発売 ♪「月がとっても青いから」	・グラフィック'55～今日の商業デザイン展（日本橋・高島屋）。亀倉雄策、早川良雄、伊藤憲治、河野鷹思、原弘、山城隆一、大橋正、ポール・ランドら	・日宣美特選受賞（オスカー・ピーターソン）。当時好きだったジャズをテーマにした。イラストを使ったジャズのレコードジャケットからヒントを得たが、自らはイラストが描けないので写真を使った
1956	21	・日本、国連に加盟 ・日ソ共同宣言 ＊太陽族 ♪「ここに幸あり」／「ケセラセラ」	・ニューヨーク近代美術館で日本のグラフィック・デザイン展開催。亀倉雄策、原弘、早川良雄、河野鷹思ら ・エドワード・スタイケン企画・構成「ザ・ファミリー・オブ・マン展」開催（日本橋・高島屋）	・日宣美特選受賞（勅使河原蒼風個展）。日宣美会員になる。二度の受賞で、給料も一万二千円にあがり、先輩達からも一目おかれるようになる。この年の日宣美賞だった杉浦康平のデザインにショックを受けた ・バー通いがすぎ、終電に乗り遅れ、当時工事中だった新宿駅の工事現場で焚き火にあたり夜が明けるのを待ち、山手線の始発で寝ていた
1957	22	・ソ連、世界初の人工衛星「スプートニク」打ち上げ成功 ♪「有楽町で逢いましょう」	・『デザイン大全』全8巻（ダヴィット社）完結 ・東京ADC賞制定。金賞＝大橋正（明治製菓の新聞広告イラストレーション） ・東京ADC編『年鑑広告美術'57』（美術出版社）発刊。戦後約10年に及ぶ代表作を収録	・実家を出て、池ノ上で一人暮らしを始める ・粟津潔、杉浦康平と交流を持つ。会社帰りに立ち寄り、夜を徹してデザインの話をしたり、ポスター制作の手伝いをした。三人で日宣美出品作品を合作したが、気に入らなかったため出品をとりやめる
1958	23	・日米安保条約改定交渉開始 ・一万円札発行	・年間広告費1000億円突破 ・『ノイエ・グラフィックス』創刊（スイス）	・ADC銅賞受賞（三菱化成カレンダー）。この仕事のために寝台列車で25時間かけて福岡に行き、工場を撮影する。デザイナーとして最初の仕事となる

1959	24	•安保改定反対運動起こる •皇太子御成婚 ＊深夜放送始まる／カミナリ族	•季刊『グラフィック・デザイン』（勝見勝編）創刊 •ル・コルビジェ設計の国立西洋美術館が上野に開館 •『デザイン』（美術出版社）創刊 •コピー十日会（現・東京コピーライターズクラブ）結成	•ADC金賞受賞（ブリヂストン「エバーソフト」広告キャンペーン） •ADC銀賞受賞（ヤマハ発動機のポスター） •ADC銅賞受賞（日本楽器「ヤマハニュース」） •「二一の会」のメンバーになる。アメリカのグラフィックデザインに触れ、刺激をうける •日宣美出品作品「児童福祉大会（きょうも、太一は学校に来ない）」ポスターなど
1960	25	•日米新安保条約調印、成立 •浅沼社会党委員長刺殺される •NHKほか、カラーテレビ本放送開始 •東京都の人口が一千万人を突破 ＊『太陽がいっぱい』／ダッコちゃん ♪「誰よりも君を愛す」	•日本デザインセンター設立 •世界デザイン会議が初めて日本・東京で開かれる。世界二十数カ国から百名近いデザイナーが来日 •『コマーシャル・フォト』（玄光社）創刊 •日本専売公社がハイライトのデザインを公募。和田誠のデザインが採用される	•ADC銀賞受賞（ヤマハ発動機「モペット」のポスター・デザイン） •世界デザイン会議の配付資料「び」のデザイン。この仕事で出会った建築史家の伊藤ていじの助言で、名前を「ガン」と名乗るようになる •野間宏著『サルトル論』で初めての装幀を手掛ける •日立製作所企業広告、産業経済新聞社「オセロー公演」ポスターなど
1961	26	•株価の大暴落 •松川事件被告に無罪判決 ＊マーブルチョコレート ♪「銀座の恋の物語」／「上を向いて歩こう」	•東京アドアートディレクターズクラブ、東京アートディレクターズクラブに改称 •東京ADC賞。金賞＝亀倉雄策（東京オリンピック公式ポスター）	•ADC銀賞受賞（世界デザイン会議配布資料「び」） •ADC銅賞受賞（ヤマハ発動機）
1962	27	•堀江謙一、ヨットで太平洋単独横断 •キューバ危機 ♪「遠くへ行きたい」／「可愛いベイビー」	•東京ADC賞。金賞＝亀倉雄策、村越襄、早崎治（東京オリンピック公式ポスター） •第1回東京コピーライターズクラブ賞、梶祐輔	•ADC銀賞受賞（ヤマハオートバイのポスター） •ADC銅賞受賞（富士フイルムカレンダー） •毎日産業デザイン準賞受賞（ライトパブリシテイにおける村越襄、早崎治、細谷巖らを中心とするフォトデザイン） •『アサヒカメラ』表紙を一年間担当（撮影 安齋吉三郎）
1963	28	•三池炭鉱爆発事件 •ケネディー大統領暗殺 ＊『鉄腕アトム』 ♪「こんにちは赤ちゃん」	•国際グラフィックデザイン団体協議会（ICOGRADA）設立（ロンドン） •『太陽』（平凡社、AD原弘）創刊 •バウハウスと今日の芸術展（草月会館） •ソウル・バス来日、講演（草月会館）	•ADC銅賞受賞（サッポロビールカレンダー、第一生命カレンダー） •サッポロビール「本場の味」、キヤノン「Canon Circle」、「6人を乗せた馬車」ポスター・パンフレット、「ベルリン＝ドイツ＝オペラ」公演ポスター、第一生命企業広告、銀行協会広告など •運転免許をとり、週末には三浦半島に潜りに行く。ウェットスーツは手作りだった
1964	29	•第18回オリンピック東京大会 •東海道新幹線開通。首都高速道路開通	•東京イラストレーターズ・クラブ結成 •『平凡パンチ』創刊	•ADC銀賞受賞（美術出版社『日本のかたち』のエディトリアルデザイン）

1965	30	•米軍のベトナム戦争介入開始 ＊みゆき族 ♪「幸せなら手をたたこう」 •米、ベトナム北爆開始 •朝永振一郎、ノーベル物理学賞受賞 ＊『赤ひげ』／エレキギター	•東京オリンピックのCIが確立し「デザインガイド・シート」が作成され、ピクトグラム（絵ことば）が会場で広く使われる •グラフィックデザイン展「ペルソナ」（銀座・松屋）。粟津潔、宇野亜喜良、田中一光、永井一正、福田繁雄、細谷巖、横尾忠則、和田誠他	•4月7日結婚、秋に二カ月世界旅行。米国で憧れのADに会い、世界各地の建造物を見て回る •苗場国際スキー場ポスター、日本航空企業広告など •グラフィックデザイン展「ペルソナ」（銀座・松屋）に出品 •鹿島研究所出版会『ガウディ』装幀、万座スキー場ポスターなど
1966	31	•大学紛争盛ん •中国で文化大革命起こる •日本の人口が1億人を超える ＊ビートルズ来日／『ウルトラマン』 ♪「バラが咲いた」／「君といつまでも」	•札幌冬季オリンピック大会公式マーク＝永井一正 •日本万国博覧会シンボルマーク決定＝大高猛 •第1回ワルシャワ国際ポスタービエンナーレ。金賞＝永井一正、田中博 •第1回東京イラストレーターズ・クラブ賞＝宇野亜喜良（絵本『あのこ』）	•長女「まゆ」誕生 •ADC金賞受賞（ドッドウェル「BLACK & WHITE」ポスター） •ADC銅賞受賞（ブリヂストンタイヤのポスター、サッポロビール「フライングラベル」ポスター） •秋山晶、杉山登志らと制作者の立場から広告について考える「東京アドヴァタイジング・クリエーターズ・クラブ」を結成。二、三回の会合で終わる
1967	32	•美濃部亮吉、東京都知事に当選 •公害対策基本法公布 ＊『卒業』／『俺たちに明日はない』 ♪「世界は二人のために」／「こまっちゃうな」	•日本万国博覧会公式ポスター（海外向け）＝亀倉雄策 •札幌冬季オリンピック大会第1号ポスター＝河野鷹思 •『日本の広告美術　明治・大正・昭和』全3巻（美術出版社／東京ADC編）刊行	•ADC銅賞受賞（サッポロビール「ラベル」「グラス」ポスターと新聞広告） •日宣美会員賞受賞（ライトパブリシテイのデザイナー13名による共同制作「新聞紙面構成への提案」）。黒ベタ白ヌキ文字が後々採用される •美術出版社『デザイン』表紙、キヤノン「FT」広告、大成建設社内報デザイン、「FLYING SAUCER」ポスターなど •長男「源」誕生
1968	33	•米原子力空母エンタープライズが佐世保港に入港。全学連と警官隊が衝突 •3億円強奪事件 •川端康成、ノーベル文学賞受賞 ＊『2001年宇宙の旅』 ♪「ブルーライトヨコハマ」	•日本のポスター100年展（東京ADC主催／銀座・松屋）。アメリカのポスターブームの余波で、販売用ポスターの制作が盛ん •第2回ワルシャワ国際ポスタービエンナーレ開催。金賞・特別賞＝亀倉雄策。銀賞＝田中一光、永井一正	•ADC銀賞受賞（サッポロビール「目かくしテスト」新聞広告） •『12人のグラフィックデザイナー』（美術出版社）発刊、第一集に掲載される •キヤノン雑誌広告、「UFO」ポスター、トウキョウプランニングセンタートレードマーク、明治製菓「チョコバー」パッケージデザインなど
1969	34	•警視庁、東大安田講堂封鎖を解除 •米のアポロ11号月面着陸 ＊『イージー・ライダー』／ボーリング ♪「黒ネコのタンゴ」	•日宣美展公募審査、日宣美粉砕共闘により阻止される。第19回日宣美展中止 •東京イラストレーターズ・クラブ第1回展開催 •ギャラリー「プラザディック」京橋に開設される	•ADC銅賞受賞（キヤノン雑誌広告） •「INVADER」ポスターを日宣美に出品 •ヤマハ「エレクトーン」海外向けCM制作。唯一のコマーシャルフィルム

1970	35	•日本万国博覧会開催（大阪） •全国で反安保統一行動、77万人が参加 •赤軍派、日航機よど号をハイジャック •三島由紀夫が割腹自殺 •日本安保条約の自動延長 ＊東京で歩行者天国始まる／ウーマンリブ ♪「圭子の夢は夜ひらく」／「走れコウタロー」	•日本万国博覧会開催。デザイン顧問＝勝見勝 •日宣美解散式5会場同時開催 •横尾忠則個展（ニューヨーク近代美術館） •ベン・シャーン展（東京国立近代美術館） •第1回講談社出版文化賞、亀倉雄策が受賞（ブックデザイン）	•ＡＤＣ銀賞受賞（サッポロビール「男は黙ってサッポロビール」新聞広告） •ＡＤＣ銅賞受賞（サッポロビール「男は黙ってサッポロビール」ポスター、美術出版社『アメリカのグラフィックデザイナー』ポスター、日本新聞協会「新聞広告への助言」新聞広告） •日産プリンス「グロリア」新聞広告、美術出版社『ヨーロッパのグラフィックデザイナー』ポスター、日本アロー「Arrow」ポスター、日本交通公社「エース」シンボルマーク、ＡＤＡエディタトーキョー『GI』、『GA』装幀など 「Smoky」「Think Smoke」ポスター制作
1971	36	•沖縄返還協定調印 •円、変動相場制へ移行	•バウハウス50年展（東京国立近代美術館） •『山名文夫イラストレーション作品集』刊行	•日産プリンス「スカイライン2000GT-X」「ケンとメリーのスカイライン」広告、サッポロビール「ヱビスビール」ポスター、パイオニア「セパレートラジオ」広告、キヤノン「F-1」広告など
1972	37	＊アンノン族／『日本人とユダヤ人』 •第11回冬季オリンピック札幌大会 •連合赤軍による浅間山荘事件 ＊『ゴッドファーザー』／日活ロマンポルノ ♪「結婚しようよ」／「瀬戸の花嫁」	•グラフィックイメージ'72開催。福田繁雄、伊藤隆道、黒田征太郎ら10名の作品展 •沖縄海洋博シンボルマーク＝永井一正 •『ＬＩＦＥ』廃刊（アメリカ）	•ＡＤＣ会員最高賞受賞（毎日新聞創刊百年公共福祉キャンペーン「さようなら、人類。」新聞広告） •「札幌冬季オリンピック'72」公式ポスター、安齊吉三郎個展ポスター、日本自転車振興会ポスター、『コピー年鑑』装幀、中央公論社『映像の現代』装幀など
1973	38	•オイルショック。卸売物価暴騰 •米、ウォーターゲート事件	•デザイン・イヤー展覧会（8都市を巡回） •世界インダストリアルデザイン会議開催（京都）	•モリサワ「写植（隠）」ポスター、「ナウ・アメリカン・アート」ポスター、映画「変奏曲」ポスターなど
1974	39	•三菱重工ビルで爆弾爆発 •佐藤栄作前首相、ノーベル平和賞受賞 ＊『ノストラダムスの大予言』 ♪「襟裳岬」／「ひと夏の経験」	•ザ・ポスター展。「ニュー・ミュージック・メディア」のための原画展（渋谷・パルコ） •第5回ワルシャワ国際ポスタービエンナーレ（文化部門）金賞＝横尾忠則	•作品集『イメージの翼　細谷巖アートディレクション』（中央公論社）出版 •「WORD & IMAGE」展に「隠」と「れ・ら」をモチーフにしたポスター二点を出品
1975	40	•沖縄海洋博開催 •エリザベス英女王夫妻来日 ＊『ジョーズ』 ♪「シクラメンのかほり」	•日本のグラフィックス5人展。田中一光、永井一正、福田繁雄他（ローザンヌ他に巡回） •『流行通信』（流行通信社）創刊	•サッポロビール新聞広告、キヤノンＰＲ誌「Canon CIRCLE」デザイン、日産「スカイライン」広告など、継続して手掛ける
1976	41	•田中角栄前首相、ロッキード事件で逮捕 •毛沢東死去、華国鋒首相が党主席に就任 ♪「およげ！たいやきくん」／「北の宿から」	•東京デザイナーズ・スペース（ＴＤＳ）青山に開設 •第6回ワルシャワ国際ポスタービエンナーレ（広告部門）金賞＝中村誠	•個展「One Day One Show」（東京デザイナーズスペース）開催。スクラップブックの中から選りすぐったもののコラージュを出品 •三井不動産「三井の森」マスコットマークなど

年	歳	社会	デザイン界	作品
1977	42	•中国、文化大革命終結宣言 •王貞治本塁打756本の世界記録 ＊『宇宙戦艦ヤマト』 ♪「津軽海峡冬景色」／「勝手にしやがれ」	•東京ADC25周年記念「メディア・アート展」（新宿・伊勢丹） •日本のイラストレーション展（パリ、ロンドン）石岡瑛子、山口はるみ、横尾忠則ら123名	•ライトパブリシテイの社長に就任。なみいる大先輩をさしおいての指名だったため、一人では不安で、同僚の秋山晶、鳥居邦彦両氏に協力してもらう約束を交わす •キヤノン「AE-1」の広告を月刊『プレイボーイ』だけに一年間掲載 •中島董商店（現・キユーピー）「マヨネーズ（アルカリ・ランチ）」ポスター・雑誌広告・カレンダー、稲越功一写真集『Beyond the horizon』装幀など
1978	43	•新東京国際（成田）空港開業 •日中平和友好条約調印 ＊『未知との遭遇』 ♪「UFO」	•日本グラフィックデザイナー協会（JAGDA）発足 •『イラストレーション』（玄光社）創刊 •現代公共ポスター展（日本産業デザイン振興会） •名取洋之助展（西武美術館）	•ADC会員最高賞受賞（中島董商店（現・キユーピー）「マヨネーズ（マヨネーズの島へ）」、キヤノン「AE-1（…ing）」、パイオニア「カーステレオ（Lonesome Car-boy）」、以上の新聞広告・雑誌広告に対して） •キヤノン「A-1（THIS SCIENCE FACT.）」広告、吉田大朋写真集『巴里』装幀、西武ライオンズユニフォーム・シンボルマークデザインなど
1979	44	•サッチャー、初の英国女性首相に •第2次オイルショック ＊インベーダーゲーム ♪「関白宣言」	•第29回アスペン国際デザイン会議開催。田中一光、永井一正らが講演 •JAGDA第1回総会（草月会館）	•キユーピー「マヨネーズ（種をまいてください。）」広告、キヤノン「A-1（Watch）」広告、パイオニア「カーステレオ（RY COODER in Lonesome Car-boy）」広告、毎日新聞社「国際児童年」新聞広告など
1980	45	•第22回オリンピック・モスクワ大会 ＊ジョン・レノン射殺される／『地獄の黙示録』	•日本文化デザイン会議結成。第1回横浜会議 •第1回日本グラフィック展（渋谷・パルコ）	•キユーピー「マヨネーズ（中国野菜）」広告、コデック「せきどめ（こんな時……）」広告、パイオニア「ポータブルステレオ（Runaway）」広告、世界野球大会公式シンボルマーク・マスコットマークデザインなど
1981	46	•自動車の輸出量をめぐり日米貿易摩擦 •ローマ法王ヨハネ・パウロ2世来日 ＊『窓ぎわのトットちゃん』 ♪「ルビーの指環」	•JAGDA、ICOGRADAに正式加盟 •JAGDA『年鑑日本のグラフィックデザイン』（講談社）創刊 •「AXISビル」オープン（六本木）。TDSが青山から「AXISビル」へ移転	•キユーピー「マヨネーズアメリカン（サンドイッチ）」広告、サントリー「スピリッツ（トロピカルハイヌーン）」「ドライジン（カクテルブロードウェイ）」ポスター・雑誌広告など •一緒に組んでいた秋山晶のロードムービー風コピーが一世を風靡した
1982	47	•日航機、逆噴射で羽田空港前海面に墜落 •ホテル・ニュージャパン火災惨事 ＊『ET』 ♪「セーラー服と機関銃」	•日本デザイン・コミッティー30周年記念会員展「DESIGN19」開催（銀座・松屋） •世界のポスター10人展（日本橋・高島屋）田中一光、福田繁雄、ミルトン・グレイザー他	•旺文社『OMNI』・『現代視点　戦国・幕末の群像シリーズ』装幀、富士写真フイルム「FUJICHROME」雑誌広告など
1983	48	•東京ディズニーランド開園 •比の野党指導者アキノ亡命先から帰	•東京ADC創立30周年記念出版『アートディレクション・ツデイ』	•キユーピー「マヨネーズ（都市とマヨネーズ）」ポスター・雑誌広告、「マヨネーズアメリカン（ダイナー）」雑誌広告、ア

年	年齢	社会の出来事	デザイン界の出来事	作品
		国直後マニラ空港で暗殺される ＊『おしん』ブーム ♪「矢切の渡し」	・「ヒロシマ・アピールズ」開催（広島平和記念館） ・第1回JACA日本イラストレーション展。大賞＝日比野克彦	ヲハタ新聞・雑誌広告、パイオニア「Lonesome Car-boy」カレンダー、大塚製薬「ポカリスエット」ポスター、「カロリーメイト」パッケージデザイン・ポスター、大塚食品「シンビーノ」ロゴマーク・ラベルなど
1984	49	・グリコ・森永脅迫事件 ・千円、五千円、一万円札の新札発行 ＊『風の谷のナウシカ』 ♪「涙のリクエスト」	・JAGDA、社団法人に ・日宣美展'53—'59展（TDS） ・第9・10回ワルシャワ国際ポスター・ビエンナーレ（商業部門）金賞＝サイトウマコト	・ADC会員最高賞受賞（キユーピー「マヨネーズ（都市とマヨネーズ）」ポスター・雑誌広告） ・キヤノン「Canon MC」、サントリー「ツボルグビール」ラベル・新聞広告、「リザーブ」雑誌広告、「シルキー」ラベル・パッケージ・広告など
1985	50	・日航ジャンボ機、御巣鷹山に墜落 ・日本電信電話会社（NTT）と日本たばこ産業株式会社がスタート	・第1回世界ポスタートリエンナーレトヤマ。金賞A部門＝宇野泰行、B部門＝サイトウマコト	・サントリー「ピュアモルト7年」広告、サッポロビール「生ビール クオリティ」広告、河出書房新社『錆』装幀、マドラ出版『秋山晶全仕事』装幀など
1986	51	・米スペースシャトルが発射直後爆発 ・土井たか子、社会党委員長に就任 ・チェルノブイリ原発事故 ＊『バック・トゥー・ザ・フューチャー』	・日本のイラストレーション'86展。大橋正、粟津潔、福田繁雄、ペーター佐藤他 ・TDS会員総出演「10年前の作品と現在の作品」展（TDS）	・キユーピー「マヨネーズ（野菜をもっと食べましょう）」、キユーピー企業広告（完全をめざします。）、森永乳業「サンキスト」パッケージデザイン、中国料理店「マジックドラゴン」トレードマーク、旺文社『中国の群像シリーズ』装幀など
1987	52	・ブラック・マンデー、NY株式市場大暴落 ・国鉄、分割民営化によりJR新法人へ ＊『サラダ記念日』／『マルサの女』	・第1回ニューヨークADC国際展。金賞＝サイトウマコト ・東京タイポディレクターズクラブ結成	・キユーピー「マヨネーズアメリカン（ずっと遠くでイーグルスが歌った）」広告、稲越功一写真展ポスター・写真集装幀、アヲハタジャムラベルデザインなど
1988	53	・リクルート事件 ・第24回オリンピック・ソウル大会 ・瀬戸大橋、青函トンネル開通 ＊『となりのトトロ』／『ノルウェイの森』 ♪「乾杯」／「パラダイス銀河」	・AGI（国際グラフィック連盟）総会、日本で初めて開催 ・朝日広告賞展（有楽町朝日ギャラリー） ・KAGU・東京デザイナーズウィーク'88展（AXISギャラリー、松屋、G7ギャラリー他） ・第2回世界ポスタートリエンナーレトヤマ。金賞＝サイトウマコト。2回連続金賞受賞	・ADC会員最高賞受賞（サントリー「ジャック　ダニエル」新聞広告） ・朝日広告賞受賞（サントリー「ジャック・ダニエル」新聞広告） ・日本宣伝賞山名賞受賞 ・個展「細谷巖アートディレクション」（GAギャラリー）開催 ・作品集『イメージの翼2 GAN HOSOYA ART DIRECTION』（旺文社）出版 ・キユーピー「マスタードマヨネーズ（試しに買うと、すぐ無くなる）」広告、アヲハタ「チルドスープ」広告など
1989	54	・1月7日天皇崩御。昭和から平成へ ・大型間接税「消費税」を実施 ・ベルリンの壁、28年ぶりに消滅	・世界デザイン博覧会EXPO'89、世界デザイン会議開催（名古屋） ・東京イラストレーターズ・ソサエティ設立	・キユーピー「マヨネーズアメリカン（トルーマン・カポーティを読みながら）」広告など
1990	55	・東西ドイツ統一 ・大阪で「花の万博」開催 ・イラクのクウェート侵攻、湾岸危機	・創立30周年記念—日本デザインセンター作品展（東京セントラル美術館） ・グラフィックデザインの今日（東京国立	・サッポロビール「ヱビスビール」広告、味の素「AGFマキシム」広告、サッポロビールCIロゴタイプなど

		・バブル経済崩壊 ＊『ちびまる子ちゃん』／ティラミス	近代美術館工芸館） ・東京ADC最高賞＝佐藤雅彦、中島信也、大島征夫ら（フジテレビ春のキャンペーンのCM）	
1991	56	・湾岸戦争勃発 ・ソ連崩壊。独立国家共同体誕生 ＊『羊たちの沈黙』 ♪「SAY YES」	・日本のポスター100展（銀座・松屋） ・東京ADC最高賞＝立花ハジメ（凸版印刷「APE CALL FROM TOKYO」のポスター）	・衛星デジタル放送「St. GIGA」広告・ロゴマーク、本田技研工業「NSX」雑誌広告・新聞広告など
1992	57	・PKO協力法成立 ・毛利衛さん、スペースシャトルで宇宙へ ・第25回オリンピック・バルセロナ大会 ＊もつ鍋 ♪「君がいるだけで」	・JAGDA平和と環境のポスター展「I'm here」（銀座・松屋） ・東京ADC最高賞＝草間和夫、眞木準（朝日新聞社「世界の顔メタモルフォーゼ」のCM）	・JAGDA「I'm here. You're there.」ポスター、キユーピー「キユーピーハーフ」広告、サントリー「クレスト12年」広告、トヨタ「マークII」広告、コスモ石油ロゴマークなど
1993	58	・皇太子さま、雅子さまご成婚 ・細川連立内閣成立 ・北海道南西沖地震で奥尻島被害 ・Jリーグ開幕 ＊『マディソン郡の橋』／ジュリアナブーム	・東京ADC創設40周年記念展「FROM TOKYO」（有楽町アート・フォーラム） ・石岡瑛子、映画『ドラキュラ』の衣装でアカデミー賞受賞 ・東京ADC最高賞＝瓦林智、田中徹（富士写真フイルム「フジカラー写ルンです」のCM）	・キユーピー「マヨネーズアメリカン（大陸横断列車に乗ったマヨネーズ）」広告、「サラダクリーム（テーブルでサラダを仕上げましょう。）」広告、八景島シーパラダイスロゴデザイン、稲越功一写真集『Out of Season』装幀など
1994	59	・村山富市社会党委員長首相に ・大江健三郎、ノーベル文学賞受賞 ・松本サリン事件 ＊『大往生』／『遺書』／コギャルブーム	・現代ポスター競作展（銀座・松屋）。21人の巨匠と若手21人「LIFE」ポスター競作 ・東京ADCグランプリ＝オリヴィエーロ・トスカーニ（ベネトン・ジャパン「兵士の服」の新聞広告）	・ディシラ「confia」広告、毎日新聞社企業広告「SHARAKU who?」ポスター、J.West ロゴマークなど
1995	60	・阪神大震災、死者6308人 ・地下鉄サリン事件、オウム事件摘発 ＊『フォレスト・ガンプ』／『スピード』	・JAGDA平和と環境のポスター'95展（銀座・松屋） ・東京ADCグランプリ＝サイトウマコト（バツのポスター）	・キユーピー広告、『GA』装幀などを継続して手がける
1996	61	・O－157による食中毒多発 ・ペルー日本大使公邸をゲリラ占拠 ・薬害エイズ訴訟で和解	・「亀倉雄策のポスター」展開催（東京国立近代美術館フィルムセンター）。ここでのデザイナーの初個展 ・東京ADCグランプリ＝永井一正（「save nature」ポスター）	
1997	62	・神戸須磨小学生殺人事件 ・香港、1世紀半ぶりに中国へ返還さ	・東京ADCグランプリ＝マイケル・プリーヴ ら（ナイキジャパン「GOOD VS EVIL」	

年	年齢	世相	受賞	主な仕事
1998	63	れる ・和歌山ヒ素入りカレー事件 ・第18回冬季オリンピック長野大会 ・日本長期信用銀行、日本債券信用銀行破綻 ＊『リング』 ♪「夜空ノムコウ」	のCM） ・東京ADCグランプリ＝田中一光（「サルヴァトーレ・フェラガモ展」のポスター、グラフィックデザイン、環境空間）	・キユーピー「マヨネーズ（野菜を見ると、想像するもの）」広告、月桂冠「純米」新聞広告、秋山晶『American mayonnaise stories』装幀、NTT企業広告、リクルート「亀倉雄策オマージュ（さようなら、先生。）」など
1999	64	・東京都知事に石原慎太郎当選 ・茨城県東海村で国内初の臨界事故 ＊iモード／アイボ／『五体不満足』 ♪「だんご3兄弟」	・第1回亀倉雄策賞＝田中一光 ・東京ADCグランプリ＝葛西薫、ジャンルイジ・トッカフォンド（ユナイテッドアローズのTVCM、ポスター）	・『ブレーン』（宣伝会議刊）の表紙から本文レイアウトまで手掛け始める ・コクド「ゴルフコース」広告、『秋山晶の仕事と周辺』装幀、日本推理作家協会編『ザ・ベストミステリーズ1999』装幀、稲越功一写真展ポスターなど
2000	65	・三宅島噴火 ・雪印乳業の乳製品による食中毒発覚 ・北九州バスジャック事件 ＊『バトル・ロワイアル』 ♪「TSUNAMI」	・第2回亀倉雄策賞＝永井一正 ・東京ADCグランプリ＝米村浩、中島哲也（サッポロビール「黒ラベル」TVCM） ・『日宣美の時代』展（ggg）	
2001	66	・米、同時多発テロ事件 ・国内で狂牛病の牛を確認 ＊『千と千尋の神隠し』／『ハリー・ポッターと賢者の石』 ♪「Can you keep a secret?」	・第3回亀倉雄策賞＝原研哉 ・東京ADCグランプリ＝佐藤可士和（「SMAP」のポスター、新聞広告、雑誌広告、グラフィックデザイン）	・紫綬褒章受章 ・東京ADC会長就任 ・キユーピー「マヨネーズ（speed!）」広告、「アルクール」カレンダーなど
2002	67	・ワールドカップ日韓共同開催 ・米英軍によるアフガニスタン空爆 ・北朝鮮拉致被害者帰国 ＊ベッカム／たまちゃん ♪「お魚天国」	・第4回亀倉雄策賞＝佐藤可士和 ・東京ADCグランプリ＝浅葉克己（特殊製紙「トンパ一二三」） ・「横尾忠則　森羅万象展」（東京都現代美術館）	・キユーピー「キユーピーゼロ　ノンコレステロール」広告、ADCロゴタイプ（仲條正義）のアートディレクションなど
2003	68	・イラク戦争、フセイン政権崩壊。反戦の波が世界を覆う ・新型肺炎（SARS）が世界的流行 ＊『ロード・オブ・ザ・リング』	・第5回亀倉雄策賞＝仲條正義 ・東京ADCグランプリ＝原研哉、藤井保（良品計画「無印良品（地平線）」のポスター、新聞広告、雑誌広告、グラフィックデザイン）	・『ブレーン』一月号から毎号「細谷の独り言」を記す ・hhstyle.com 雑誌広告など
2004	69	・鳥インフルエンザ流行 ・スペインの列車爆破テロなど各地でテロが続く	・第6回亀倉雄策賞＝服部一成	

あとがき

ガーディアン・ガーデン
クリエイションギャラリーG8
ディレクター　大迫修三

一九回目を迎えたタイムトンネルシリーズは、ついに細谷巖さんにお願いする事ができました。細谷さんが引き受けてくださったという話には、服部一成さんも宇野亜喜良さんも大変驚かれていました。細谷さんを知っている人にとってはそれぐらい大変なことだったのです。展覧会はきらい、挨拶もきらい、オープニングパーティーはやらない、トークショーも絶対いやと言い続けていた細谷さんですが、巻頭の細谷さんのことばにもあるとおり、先輩デザイナーのNさんが、朝の四時まで必死に口説いてくださっての結論でした。その一週間後にこのNさんとお会いする機会があり、「その後断りにきてない？　往生際が悪いから心配しているんだけど……」。私は「大丈夫です」とお答えしました。なぜならお願いした四日後には細谷さんからポスターのラフができたから見て欲しいとお電話があったからです。こちらの心配をよそに、細谷さんはしっかり腹をくくってくださったようでした。そこからは急展開で話がすすんでいき、細谷さんの勢いに私たちの方が追いつかない状態が続きました。この小冊子のゲラも、お預けした翌日にはチェックを終えて戻してくださるというスピードでした。

やらないといっていたトークショーも、ライトで一緒だった和田誠さんと当時の話を、また副田高行さん、中島祥文さんとは広告をテーマに話をしたいと、二回の実施となりました。パーティーでのゲストのスピーチも、気がつけば細谷さんが個別に話をつけてくださっていて、私たちは報告をうけるだけという、珍しい状況となったのでした。

今回のインタビューでは、ほんとうに腹をくくってくださって、珍しく照れながらも、こちらの質問をはぐらかすことなく、正直に、ざっくばらんにお話しいただきました。その意味では、かなり気軽な口調の楽しいインタビューになりました。メンバーからは、もう少し格調高くまとめては、という意見も出ましたが、世間話のような話の中にも細谷さんのデザイン哲学があちらこちらに現れているので、これでよかったと思っています。

四日間におよぶインタビューで、人物評も含め面白い話がたくさんあったのですが、ページ数の関係でかなり落としてしまったのが残念です。もちろん、ここに書くわけにはいかない話もかなりあったのですが……(笑)。表現者として、血気盛んな若者の頃に、警職法に反対声明を出したり、原爆反対運動に参加したりと、今の細谷さんからは想像もできない(失礼)一面もいろいろ知る事ができました。日本宣伝美術会やADCの審査員などにも最年少で参加し、そこでしっかり発言している細谷さんの姿なども、もっときちんと紹介したいと思ったのですが、そのあたりはかなり省いてしまいました。ここに細谷さんが『ADC年鑑』(一九七三年)のポスター部門の講評で「ADC雑感」と題して書かれた原稿の一部を紹介します。この三年前、ADCは、実質の制作者集団となるべく、大きな改組をしていました。

「アートディレクターが作品のクレジットに示すための単なる名前だけのものであるならば、当然ながらおかしなことである。企業のなかにおいての広告の発注者・責任者であるというだけで、アートディレクターとなるのは欺瞞だと思う。私の知る限りではアートディレクターなるものは、大変に精力的であり表現上の細かい面まで観察でき信頼感のある人だと思う。それでなければ、企画者であり、発案者に過ぎないと思う。広告表現は、どんなにすぐれたアイデアを提示しても、それをいかに具現化することの方が問題なのです。それはとりもなおさずアートが存在するからだと考えるから。軽い気持ちでアートディレクターなどと呼ばれ、本人もその気になっているとしたら、それは勘違いというものです。」

細谷巖という名前を私が最初に意識したのは、新入社員時代。二年先輩のデザイナーが、レイアウトに悩むと「細谷巖ならどうするか」というのが口癖だったのを、はたと思い出しました。私自身学生時代に、名前は覚えていなかったものの、「勅使河原蒼風」のポスターは、ひとつの理想の作品としていつも意識していたものでした。

細谷さんとお話をするようになったのは、ほんのこの五年ぐらいです。特に親しくお話しするようになったのは細谷さんがＡＤＣの会長になり、何かと打ち合わせをご一緒させていただくようになってからです。出会いはもちろんずいぶん古く、亀倉雄策先生を交えての食事会でも何度となくご一緒しているのですが、辛辣な発言に近づきがたさを感じ、いつも遠くから見ている事が多かったように思います。

細谷さんは今年の三月で、ライトパブリシテイ在籍五〇年になります。すごいですね。現役デザイナーとして五〇年というのももちろんすごい事ですが、一つの企業に五〇年も在籍されたというのは、この業界に限らず、企業人としてとてつもない歴史で、その点でもすばらしいことだと思います。

とにかく、過去の個展の経験から、絶対やらないといっていた今回の企画を受けていただいた事に改めてお礼を申し上げたいのはもちろんのこと、積極的に対応していただいた事に本当に感謝しています。また、朝までかかって口説いてくださった先輩Ｎさんこと仲條正義さんにも、改めてお礼申し上げます。細谷さんの仕事ぶりが、若い多くのデザイナーの大きな刺激になれば、これほどうれしい事はありません。

タイムトンネルシリーズ Vol.19
タイムトンネル：細谷巖アートディレクション 1954→

会期／二〇〇四年五月一〇日（月）～六月四日（金）
主催／ガーディアン・ガーデン
　クリエイションギャラリーG8

表紙／デザイン　細谷巖・岡崎晃史
　イラストレーション　和田誠
　写真　長隆治郎
取材・文／丸山佳子　ガーディアン・ガーデン
編集・制作・デザイン／ガーディアン・ガーデン
　（株式会社リクルート　リクルートクリエイティブセンター）
　〒一〇四―〇〇六一　東京都中央区銀座七―三―五
　〇三―五五六八―八八一八

発行日／二〇〇四年五月一〇日
発行／株式会社リクルート
　〒一〇四―八〇〇一　東京都中央区銀座八―四―一七
　〇三―三五七五―五〇三六

印刷・製本／株式会社北斗社

タイムトンネルシリーズ 小冊子

タイムトンネルシリーズの展覧会のために、毎回作家の方に長時間にわたるインタビューを行い小冊子にまとめています。幼少時代にはじまり、学生時代を経てクリエイターとしてデビューするまで、また現在の表現に対する思いなどを語っていただいています。

第1回　1994年1月
若尾真一郎（イラストレーター）※未刊

第2回　1995年2月
安西水丸（イラストレーター）

第3回　1996年1月
高梨豊（写真家）

第4回　1996年8月
佐藤晃一（グラフィックデザイナー）

第5回　1997年2月
長野重一（写真家）

第6回　1997年10月
和田誠（イラストレーター）

第7回　1998年5月
亀倉雄策（グラフィックデザイナー）

第8回　1998年10月
沢渡朔（写真家）

第9回　1999年5月
矢吹申彦（イラストレーター）

第10回　1999年11月
土田ヒロミ（写真家）

第11回　2000年5月
○△□ 長友啓典・浅葉克己・青葉益輝（アートディレクター）

第12回　2000年10月
操上和美（写真家）

第13回　2001年5月
山口はるみ（イラストレーター）

第14回　2001年10月
柳沢信（写真家）

第15回　2002年5月
仲條正義（グラフィックデザイナー）

第16回　2002年10月
大倉舜二（写真家）

第17回　2003年5月
宇野亜喜良（イラストレーター）

第18回　2003年10月
藤井保（写真家）

第19回　2004年5月
細谷巖（アートディレクター）

参考文献・出典

「デザイン史年表」大橋紀生編（美術出版社）
『アート・ディレクション・ツデイ』東京ADC編（講談社）
『日本広告表現技術史』中井幸一著（玄光社）
『日本写真史概説』（岩波書店）
『戦後文化の軌跡1945-1995』（朝日新聞社）
『日本現代写真史1945→95』（平凡社）
『ADC年鑑』（美術出版社）
『日宣美の時代』（トランスアート）
『現代デザイン事典』（平凡社）
『聞き書きデザイン史』（六耀社）
『世界デザイン史』（美術出版社）
『日本デザイン史』（美術出版社）
『アイデア』（誠文堂新光社）
『アサヒカメラ』（朝日新聞社）
『GA』（ADAエディタトーキョー）
『ブレーン』（宣伝会議）
『イメージの翼 細谷巖アートディレクション』（中央公論社）
『イメージの翼2 GAN HOSOYA ART DIRECTION』（旺文社）

photograph by ryujiro cho 1974

before

2004/05/10/1700

あとがきのあとがき

「タイムトンネルシリーズ」小冊子復刻版の刊行について

二〇二三年八月末にリクルートの二つのギャラリー、クリエイションギャラリーG8とガーディアン・ガーデンが閉館することになりました。私はこの二つのギャラリーをリクルート時代に立ち上げて、退社する二〇一二年三月末まで運営していました。その後は、スタッフの菅沼比呂志さん、小高真紀子さんが引き継ぎましたが、この二人もいまは退社し、それぞれの道を歩んでいます。

クリエイションギャラリーG8にはその前身があり、一九八五年一月一六日に買い取ったばかりの旧日軽金ビル（リクルートGINZA7ビル）の二階でG7ギャラリーとしてオープンしました。その後リクルート事件の影響などがあり、一九八九年にリクルートGINZA8ビルの一階に移転しました。一方、ガーディアン・ガーデンは一九九〇年に渋谷のライズビルの一階でスタートしたものの、バブル崩壊の影響で、銀座七丁目の小さなビルに移転、その後リクルートGINZA7ビル（現ヒューリック銀座7丁目ビル）の地下に移りました。

この本は、「タイムトンネルシリーズ」と銘打って二つのギャラリーで同時開催した展覧会に合わせて発行した小冊子を、会場のカラー写真のページなどを加え、文字サイズを少し上げて読みやすくし、復刻したものです。

この展覧会は、前書きにもあるように、子供時代からはじまって、デビュー当時から現在までの作品を展示したもので、事前に三日から五日間に渡ってのロングインタビューを行いました。作家の一日の過ごし方から暮らしぶり、親や兄弟の話、子供時代から現在まで、仕事への取り組み方など、通常のインタビューでは出てこないようなあれこれを聞いています。それを六〇ページほどの小冊子にまとめ、会場で、印刷代だけと言っていい五〇〇円で販売していました。

当然、小さな会場での小さな出版物なので、印刷した部数が売り切れてしまえば、それでおしまい、というものでした。

しかし、読んでくれた多くの若手クリエイターからの、面白かった、すごく勇気をもらったなどという声を聞き、このまま終わらせるのはもったいないなと思っていました。

一九九四年から始まったこの「タイムトンネルシリーズ」は、年二回、デザイナー、イラストレーターと写真家を交互に取り上げて開催していました。展覧会の準備と並行して、詳細な年譜を作り上げ、それをもとに行ったインタビューは、作家にとってもこちらにとっても膨大なエネルギーを費やしたとても密度の濃い時間でした。私のギャラリーの企画の中でも貴重な財産となっています。

細谷さんのこのタイムトンネル展からすでに一九年が経ちました。細谷さんは、この展覧会のあとも現役ばりばりで、いまもライトパブリシティの代表取締役会長をなさっています。小冊子が出た時に、すでに勤続五〇年でしたから、今年は勤続六九年。企業人としては凄い記録ですよね。また、ＡＤＣの会長も続けておられます。コロナ禍で、銀座のバーでお会いする機会はぐっと減りましたが、時々顔を出すと、「さきほど細谷さん、お帰りになりましたよ」、とお元気なことは聞いていました。そしてもっと驚いたのが、もういやでいやでしょうがないと話されていた個展を、昨年は三月にギャラリー５６１０で「SOMETHING ELSE」、九月には、ｇｇｇで「細谷巖 突き抜ける気配」と立て続けに開催されたことです。凄いエネルギーに思わず万歳です。

インタビューに登場するクリエイターの方々を脚注で紹介していますが、その中には鬼籍に入った方もいらっしゃいます。原稿は当時のままで、改訂を加えていませんが、お世話になった方も多く、心よりご冥福をお祈りしたいと思います。戦後の、そして昭和のデザイン界、広告界を築きあげた方々を近くで見続けたこともあって、この方々の作品や歴史を残せるようなことをやりたいと考えていたこともあり、この小冊子の復刻を考え始めました。

そこで、株式会社リクルートホールディングスのギャラリー担当の花形照美さんに相談し、同社から復刻版の編集・発行の許可をいただきました。復刻とはいえ、レイアウトも新規で起こしていますので、一冊の完成データを作るのに、予想をはるかに超える時間がかかってしまいました。しかし、この復刻版の話に、作家のみなさんは喜んでご協力くださっていますので、引き続き頑張っていきたいと思います。販売は長いおつきあいの株式会社ＡＤＰの久保田啓子さんが快く引き受けてくださいました。細谷巖さんご本人をはじめ、ご協力いただいたみなさんにもこの場を借りて改めてお礼を申し上げます。

監修・発行　大迫修三

細谷巖

発行日――――2023年9月15日

著者――――細谷巖
監修――――大迫修三
構成・デザイン――大迫修三、田中孔明
会場撮影――――宮本喜一郎

印刷・製本――――株式会社マツモト
印刷協力――――西田隆志（ノマドウェイ）

発行者――――大迫修三
販売――――株式会社ADP
〒165-0024
東京都中野区松が丘2-14-12
TEL 03-5942-6011
FAX 03-5942-6015
https://www.ad-publish.com
振替 00160-2-355359

ISBN978-4-903348-63-6 C0023

本書は、ガーディアン・ガーデン＆クリエイションギャラリーＧ８の展覧会「タイムトンネル」展開催時に株式会社リクルートより刊行。この度、判型、構成を改め、復刊致しました。